RK-004
MASSIMILIANO AFIERO

LA POLIZEI DIVISION
SUL FRONTE DI LENINGRADO 1941

la Polizei Division - Sul fronte di Leningrado, 1941

- RK004 Prima edizione maggio 2020 by Luca Cristini Editore per i tipi Soldiershop - Ritterkreuz Special.
Cover & Art Design by Soldiershop factory. ISBN code: 978-88-93275934
First published by Luca Cristini Editore, copyright © 2020. No part of this publication may be reproduced, stored in a retrieval system or transmitted by any form or by any means, electronic, recording or otherwise without the prior permission in writing from the publishers. The publisher remains to disposition of the possible having right for all the doubtful sources images or not identifies. Visit www.soldiershop.com to read more about all our books and to buy them.

In merito alle serie Ritterkreuz, The Axis Forces ecc. l'editore Soldiershop informa che non essendone l'autore ne il primo editore del materiale pervenuto per la stesura del volume, declina ogni responsabilità in merito al suo contenuto di testi e/o immagini e la sua correttezza. A tal proposito segnaliamo che la pubblicazione Ritterkreuz tratta esclusivamente argomenti a carattere storico-mi-litare e non intende esaltare alcun tipo di ideologia politica presente o del passato cosi come non intende esaltare alcun tipo di regime politico del secolo precedente ed alcuna forma di razzismo.

La *Polizei-Division* sul fronte di Leningrado, 1941

In questo nuovo numero speciale abbiamo voluto rendere omaggio ad una delle divisioni della Waffen SS meno conosciute e meno trattate dalla storiografia ufficiale, prendendo in esame proprio il periodo quando la formazione era considerata solo 'affiliata' alla stessa Waffen SS, essendo stata formata principalmente con elementi della Polizia Tedesca e dell'Esercito. Trattata come una formazione di secondo livello, fu equipaggiata ed armata approssimativamente, così come fu impiegata in prima linea sempre come forza di riserva, soprattutto nella campagna sul fronte occidentale nel 1940. Tuttavia, come accadrà spesso nella storia della Waffen SS, anche per la Polizei la prova del fuoco servirà a farla diventare una formazione di élite grazie soprattutto all'esemplare comportamento dei suoi reparti e dei suoi comandanti sul campo di battaglia e nel febbraio del 1942, finalmente fu trasformata in una vera e propria formazione SS, diventando la SS-Polizei-Division. Questa trasformazione interessò anche le uniformi dei soldati ed il loro sistema di gradi, poiché fino ad allora erano stati usati quelli della Polizia. Nella prima parte dello speciale, abbiamo ripercorso brevemente la storia della divisione, fino al dicembre del 1941 mentre nella seconda, abbiamo tradotto una pubblicazione dell'epoca, scritta da un corrispondente di guerra al seguito della Polizei: una eccezionale ed inedita testimonianza dei combattimenti e delle marce che portarono i reparti della Polizei-Division fino alle porte di Leningrado, piena di enfasi e di propaganda, essendo comunque una pubblicazione di regime, ma in ogni caso interessante dal punto di vista storico. Nella pubblicazione originale, non erano presenti foto, ma solo disegni, per cui abbiamo provveduto noi a corredare l'intero lavoro con molto materiale iconografico, per rendere ancora più interessante e completa la pubblicazione, così come è stata inclusa una sezione uniformologica, relativa alla Polizei-Division fino al 1941, per accontentare anche gli appassionati e studiosi di Militaria e quelli di Modellismo. Per la stesura di questa monografia oltre ai documenti di archivio, soprattutto di fonte tedesca abbiamo fatto riferimento al libro di Husemann, un testo fondamentale (ed unico) sulla storia della divisione e agli altri libri riguardanti in generale la guerra sul fronte di Leningrado e degli altri reparti SS. Un lavoro di ricostruzione storica non facile, ma che continuerà anche nel prossimo futuro, nell'ottica di realizzare un nuovo volume della collana 'Formazioni SS' dedicato proprio alla 4.SS-Pz.Gr.Div. 'Polizei'. Colgo l'occasione per ringraziare tutti gli amici ed i collaboratori che hanno contribuito alla realizzazione di questo nuovo lavoro, in particolare Cesare Veronesi, per la traduzione dal tedesco della pubblicazione dell'epoca 'Waffen SS im kampf vor Leningrad', Stefano Canavassi per la realizzazione delle copertine e Andrea Savino Lupini per la sezione uniformologica. Invito tutti a segnalare eventuali aggiunte o correzioni alla pubblicazione, che saranno pubblicate sul nostro sito, nello spazio dedicato alla Posta dei Lettori.

Massimiliano Afiero

SOMMARIO

Una divisione SS 'anomala' — Pag. 5

La *Polizei* sul fronte dell'Est — Pag. 12

L'attacco contro Luga — Pag. 18

Penetrazione nella linea difensiva di Leningrado — Pag. 26

La *Waffen-SS* nei combattimenti davanti a Leningrado — Pag. 35

Alfred Wünnenberg, Croce di Cavaliere — Pag. 75

Uniformi e fregi della *Polizei-Division* 1939-41 — Pag. 79

Informazioni sulla divisione e Bibliografia — Pag. 87

Una divisione SS 'anomala'

La divisione SS *'Polizei'* venne formata ai primi di ottobre del 1939, subito dopo la campagna polacca, insieme alle altre due prime divisioni della *Waffen SS*, la *SS-Verfügungsdivision* e la *SS-Totenkopf-Division*. Per la nuova formazione fu deciso di reclutare personale dalle formazioni della Polizia tedesca ma anche dalle altre formazioni SS. Gli ufficiali ed i sottufficiali dovevano essere prelevati principalmente dalla *Schutzpolizei*, la Polizia incaricata della sicurezza, gli ufficiali amministrativi ed il personale medico dalle formazioni SS, la truppa dalla *Wehrmacht* e dalle riserve delle unità di Polizia. Fin dal 1936 le SS avevano assorbito la polizia regolare tedesca formando la *Ordnungspolizei* (Polizia di ordinanza). Conosciuta anche come *Orpo*, la *Ordnungspolizei* divenne una branca delle SS, ma mantenne un diverso sistema di gradi ed insegne. Secondo l'ordine di Hitler, del 18 settembre 1939, la nuova divisione doveva comprendere elementi della *Ordnungspolizei* rinforzata con reparti speciali dell'esercito. L'unità doveva essere impiegata come una qualsiasi formazione dell'Esercito Tedesco, ma sotto il controllo diretto di

Himmler. La *Polizei-Division*[1], questa la sua denominazione iniziale ed ufficiale, fu strutturata su tre Reggimenti di fanteria (*Polizei-Schützen-Regimenter 1, 2 e 3*), un reparto anticarro ed altri reparti dell'esercito, identificati dal numero '300', secondo il seguente ordine di battaglia:

Kommando Polizei-Division Polizei-Schützen-Regiment 1
Polizei-Schützen-Regiment 2
Polizei-Schützen-Regiment 3
Artillerie-Regiment 300
Polizei-Panzerabwehr-Abteilung Polizei-Pionier-Bataillon Radfahr-Kompanie
Nachrichten-Abteilung 300
Versorgungstruppen 300

Gli uomini indossavano l'uniforme *feldgrau* dell'esercito con le mostrine della Polizia e l'insegna nazionale della *Schutzpolizei* sugli elmetti ed i copricapi. Solo la presenza dell'aquila nazionalsocialista sul braccio sinistro indicava un legame di appartenenza alla *Waffen SS*. La divisione fu equipaggiata in gran parte con materiali ed armi recuperati dagli arsenali cecoslovacchi. Come primo comandante dell'unità fu designato il *Generalleutnant der*

Polizei Karl Pfeffer-Wildenbruch[2], promosso subito dopo al grado di *SS-Gruppenführer*. La *Polizei* adottò come insegna divisionale il simbolo runico del lupo, in pratica una specie di Z, impiegato ufficialmente però solo quando la divisione divenne una vera e propria formazione SS.

Kurt Daluege

Karl Pfeffer-Wildenbruc

Impiego al fronte

All'inizio del 1940, i reparti della *Polizei* furono trasferiti nell'area ad ovest di Friburgo, alle dipendenze della 7.*Armee* del Generale Dollmann sul fronte del Reno, su entrambi i lati di Kaiserstuhl. Questo schieramento sul fronte occidentale, rientrava nel piano difensivo tedesco per prevenire eventuali colpi di mano alleati: ma a parte sporadici scontri a fuoco a distanza con il nemico, non si verificarono combattimenti di rilievo. I reparti della *Polizei* restarono nei *bunker* e nelle trincee del fronte del Reno settentrionale per settimane con il fiume a fare da confine dai reparti francesi. La situazione rimase inalterata per settimane, per cui solo una parte della divisione restò in prima linea mentre il resto dei reparti fu trasferito nelle retrovie per continuare l'addestramento. Al 12 aprile 1940, la *Polizei* lamentava la perdita di un ufficiale e dieci uomini, uccisi dal fuoco dei cecchini nemici. Poco dopo, la divisione fu trasferita a nord di Friburgo e posta in riserva. Il 6 maggio i reparti della *Polizei* furono nuovamente trasferiti, questa volta nell'area tra Tubinga e Reutlingen. Nelle settimane successive i reparti continuarono ad essere impegnati nelle sedute di addestramento, mentre il 10 maggio iniziava la campagna sul fronte occidentale.

Aprile 1940, soldati della Polizei-Division impegnati in addestramento

Soldati della *Polizei*, con giacche mimetiche, impegnati sul fronte francese

Soldati della *Polizei-Division* in Francia, 1940

Reparti della *Polizei* in una città francese

La *Polizei* continuò a rimanere in riserva fino al 21 maggio quando ricevette l'ordine di marcia verso l'area di Neuenburg. Tra il 28 ed il 29 maggio avvenne il trasferimento alla 12ª Armata ed infine la definitiva assegnazione al *XVII.Armee-Korps* del Generale Kienitz. Il 4 giugno i reparti della *Polizei* furono spostati dietro al fronte d'attacco del Corpo. Il *Polizei-Schützen-Regiment 2*, il *Polizei-Pionier-Bataillon* e l'*Artillerie-Regiment 300* furono aggregati alla *26.Inf.Div.*, mentre gli altri reparti divisionali restarono inizialmente come riserva del Corpo. In quella stessa giornata, gli uomini del *Polizei-Panzerjäger-Abteilung* attraversarono il confine francese. A marce forzate i reparti seguirono le tracce della precipitosa ritirata nemica, attraversando i villaggi abbandonati, e spingendosi verso sud, fino ad occupare posizioni lungo il Canale delle Ardenne dove i fiumi Aisne e Mosa si congiungevano. L'offensiva oltre il Canale delle Ardenne al seguito delle forze dell'*Heeresgruppe A* (von Rundstedt) iniziò solo il 9 giugno contro il fronte dell'Aisne superiore. Il *Polizei-Aufklärungs-Abteilung*, agli ordini dell'*Hauptmann* Albert Wegener, fu aggregato all'avanguardia del *XVII.Armee-Korps*, partecipando all'attacco nel settore della *10.Inf.Div.* mentre il grosso della *Polizei* fu chiamato a proteggere il fianco sinistro del *XVII.Armee-Korps* e solo il *Polizei-Schützen-Regiment 3* rimase ancora in riserva. I reparti della *Polizei* raggiunsero il Canale delle Ardenne, dove furono impegnati duramente nel bloccare un contrattacco corazzato dei francesi. Successivamente i reparti della divisione furono impegnati nel settore di *Les Islettes*. Durante la campagna di Francia, la *Polizei* lamentò la perdita di 7 ufficiali e 125 uomini. Il 2 agosto 1940 i reparti della *Polizei* furono trasferiti su treno nell'area di Parigi per essere impiegati come forza di occupazione. Il 21 novembre 1940 il *Generalleutnant* Pfeffer-Wildenbruch lasciò il comando della divisione al *Generalleutnant* Arthur Mülverstedt(3). Durante i mesi trascorsi in Francia, la divisione fu riorganizzata e riequipaggiata per essere trasformata in una unità completamente motorizzata. Giunsero anche nuove reclute: 327 ufficiali e 9.599 uomini di giovane età provenienti dalle unità di rincalzo della *OrdnungsPolizei*.

Due foto ritraenti l'avanzata dei reparti della *Polizei-Division* in Francia, tra il maggio ed il giugno del 1940

Mappa relativa agli spostamenti operativi della *Polizei- Division* tra il 1939 ed il 1941, prima del trasferimento sul fronte dell'Est (*Husemann archive*).

Gli *Oberleutnant* Ganzer e Klatt in Francia: entrambi indossano *Schirmmütze* della Polizia, giubba dello *Heer*, binocolo e cinturone del tipo "*Zweidornkoppel*", usato dagli ufficiali della *Wehrmacht* molto di più rispetto al modello con la fibbia dell'arma di appartenenza.

Fanti della divisione *Polizei* in addestramento in Francia; in questo caso indossano giacconi e copri elmetti in disegno "platano"; interessante notare che nella parte più a destra della foto si intravede una mitragliatrice cecoslovacca *ZB-26*.

Nel gennaio del 1941, la responsabilità amministrativa della divisione passò all'*SS-Führungshauptamt*, l'ufficio operativo responsabile dei materiali e dell'addestramento, della *Waffen-SS*. L'armamento e la motorizzazione furono notevolmente migliorati, in particolare con la creazione di un gruppo antiaereo, un reparto all'inizio assente dall'organico delle divisioni di fanteria.

La *Polizei* sul fronte dell'Est

Alla vigilia della Operazione Barbarossa, la struttura di comando della *Polizei-Division* era la seguente:
Div.-Kdr. (Comandante divisionale), *Generalmajor* Arthur Mülverstedt
Ia (Capo di Stato Maggiore), *Oberstleutnant* Nikolaus Heilmann
Ib (Ufficiale addetto alla logistica), *Hauptmann* Edmund Olejnik
Ic (Ufficiale addetto all'Intelligence), *Oberleutnant* Erich Schröder-Vontin
IVb (capo dei servizi medici), *Oberst* Gerhard Karehnke

Pol.Schtz.-Rgt.1: *Oberst* Otto Giesecke **Adjutant**: *Oberleutnant* Helmut Kordts *I.Btl./1*: *Major* Miersch
II.   *Btl./1*: *Hauptmann* Karl Schümers poi *Hauptmann* Wilhelm Dietrich
III. *Btl/1*: *Major* von Arthur Kleist
Pol.Schtz.-Rgt.2: *Oberst* Hans Christian Schulze
Adjutant: *Hauptmann* Wilhelm Radtke *I.Btl./2*: *Major* Rudolf Pannier *II.Btl./2*: *Hauptmann* Helmut Dörner
III.Btl./2: *Major* Max Schimmelpfennig
Pol.Schtz.-Rgt.3: *Oberst* Alfred Wünnenberg
Adjutant: *Hauptmann* Erich Braun *I.Btl./3*: *Major* Wilhelm Fricke *II.Btl./3*: *Major* Rudolf Konopacki
III.Btl./3: *Major* Willy Reifflin poi *Hauptmann* Emil Rehfeldt
Pol.Art.-Rgt.: *Oberst* Karl-Heinrich Brenner *I.Abt.*: *Oberstleutnant* Friedrich Beyersdorf *II.Abt.*: *Oberstleutnant* Friedrich Bock *III.Abt.*: *Oberstleutnant* Johann Goebel *IV.Abt.*: *Oberstleutnant* Fritz Schmedes
Pol.Aufkl.-Abt.: *Major* Albert Wegener *Pol.Pi.-Btl.*: *Major* Edmund Frosch *Pol.Flak-Abt.*: *Hauptmann* Willi Greschuna
Pol.Nachr.-Abt.: *Oberstleutnant* Georg Janensch
Pol.Pz.Jg.-Abt.: *Major* Ernst Schmedding

Otto Giesecke

Arthur Mülverstedt

Mentre i convogli ferroviari trasportavano i reparti della *Polizei-Division* verso est, la città di Dünaburg era già stata conquistata dai tedeschi. L'*Heeresgruppe Nord* agli ordini del *GeneralFeldMarschall* Ritter von Leeb aveva attaccato tra Memel e Suwalki con la *18.Armee* (Küchler) a nord e con la *16.Armee* (Busch) a sud. Le due armate fiancheggiavano il *Panzergruppe 4* di Hoepner, impegnato ad attaccare al centro. Il Gruppo corazzato comprendeva il *LVI.Armee-Korps* di Manstein ed il *XXXXI.Armee-Korps* di Reinhardt. Il Corpo di Manstein a sua volta comprendeva l'*8.Pz.Div.*, la *3.Inf.Div.* e la *290.Inf.Div.* Manstein attaccò in direzione di Dünaburg con l'*8.Pz.Div.*, mentre la *3.Inf.Div.* seguì subito dietro. Dopo aver conquistato Dünaburg, dal momento che il grosso delle forze tedesche era a circa cento chilometri più indietro, Manstein dovette attendere diversi giorni prima di poter riprendere la sua marcia e solo il 29 giugno tutti i reparti del Corpo raggiunsero finalmente la città. Da parte sua, la divisione *Polizei*, nella prima parte della campagna all'Est, fu tenuta di riserva per il Gruppo di Armate Nord, pronta ad essere impegnata laddove la situazione l'avrebbe richiesto. I primi reparti della *Polizei* ad attraversare il confine sovietico furono il *I./Polizei-Artillerie-Regiment* ed il *Polizei-Schützen-Regiment 2*, il 28 giugno. Dopo aver marciato in territorio nemico con un caldo afoso e con la maggior parte dei trasporti trainati da cavalli, i reparti si fermarono per la notte a Šakiai in Lituania. Nello stesso tempo, i sovietici dopo aver subito pesanti perdite e ripiegato lungo tutto il fronte, stavano tentando di organizzare una forte resistenza lungo la principale linea difensiva a sud del lago Peipus, la cosiddetta 'Linea Stalin', che si snodava lungo il vecchio confine sovietico. Il Comando sovietico si preoccupò di proteggere particolarmente i principali nodi di comunicazione come Pleskau, Ostrow e Opotschka, impegnando le sue formazioni corazzate.

Da parte loro, i reparti corazzati tedeschi raggiunsero l'area di Opotschka il 4 luglio, prima dell'arrivo dei rinforzi sovietici, consentendo al *Panzergruppe Hoepner* di riprendere l'attacco ed attraversare il fiume Düna. Il successivo obiettivo del *Panzergruppe 4* era quello di proseguire lungo la strada Pleskau-Luga in direzione di Leningrado, mentre il *LVI.Armee-Korps* doveva tagliare la strada Opotschka-Ostrow situata più ad est e raggiungere Tschudowo, bloccando l'autostrada Mosca-Leningrado. Il 6 luglio la *Totenkopf* era riuscita a penetrare la Linea Stalin a Sebesch, aprendo la strada alle altre forze tedesche. La marcia dei tedeschi proseguì quindi in direzione di Opotschka, conquistata il 7 luglio. Nel frattempo la *18.Armee* era avanzata più a nord passando per Libau e Riga lungo la costa baltica, attraverso la Lettonia e l'Estonia. Il 10 luglio i reparti avanzati del *XXXXI.Armee-Korps* raggiunsero Pleskau e la sponda meridionale del lago Peipus, tagliando fuori le divisioni sovietiche nel Baltico.

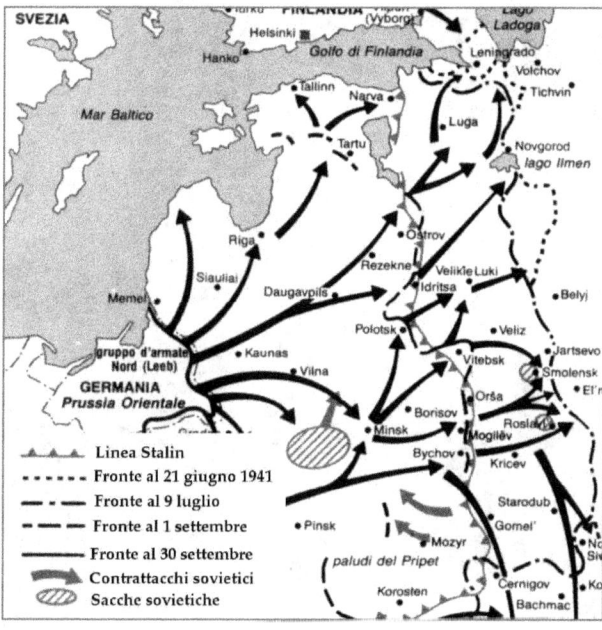

Mappa relativa all'avanzata delle forze tedesche verso Leningrado.

Hauptmann Helmut Dörner.

Colonna della *Polizei-Division*, sulla destra un pezzo anticarro

Colonna artiglieria della *Polizei* in marcia

Reparti della *Polizei-Division* dopo aver recuperato un pezzo anticarro sovietico, messo subito al traino dei cavalli

In soli diciotto giorni, i reparti dell'*Heeresgruppe Nord*, avevano coperto i due terzi della distanza che li separavano da Leningrado, una marcia che sembrava inarrestabile. Nello stesso tempo, una ventina di divisioni sovietiche erano state decimate, disperse ed in parte completamente annientate. La conquista della città di Leningrado sembrava a quel punto a portata di mano delle forze tedesche.

Lungo il corso della Düna

L'11 luglio 1941, i reparti della *Polizei-Division* raggiunsero il fiume Düna. I primi a raggiungere le sponde del fiume furono i reparti del *Polizei-Artillerie-Regiment*, completamente ippotrainati. Nella giornata del 13 luglio il I° Gruppo del Reggimento di artiglieria attraversò il fiume a Dryssa, utilizzando un ponte costruito dai pionieri tedeschi. Il *Generalleutnant* Mülverstedt diresse personalmente l'attraversamento del fiume dei suoi uomini. Il 14 luglio, il I° ed il III° Gruppo del Reggimento di artiglieria della *Polizei* ricevettero l'ordine di fornire appoggio alla *253.Inf.Div.* L'avanzata della divisione di fanteria dell'esercito non incontrò resistenza, visto che i sovietici si erano già ritirati; gli artiglieri della *Polizei* spararono solo qualche colpo intimidatorio contro le posizioni nemiche. Il 17 luglio con la ripresa dell'avanzata, la *Polizei* fu trasferita dal *L.Armee-Korps* alle dirette dipendenze della *16.Armee*. I reparti avanzarono lungo la strada Dubrowo-Kuluschino-Grorowatka. Il percorso era stato pesantemente minato dai nemici in ritirata ed i pionieri dovettero lavorare parecchio per bonificarlo. I reparti della *Polizei* erano nello stesso settore operativo della *Totenkopf* e furono impegnati soprattutto nell'effettuare rastrellamenti per intercettare le unità nemiche rimaste isolate. Il 23 luglio la divisione ritornò a dipendere operativamente dalla *18.Armee*. Il 26 luglio fu raggiunta Pleskau e qui la divisione ricevette la visita del capo della *OrdnungsPolizei*, il *General der Polizei*, Kurt Daluege. Il 27 luglio la divisione ricevette l'ordine di prendere parte all'attacco contro Luga alle dipendenze del *Panzergruppe 4*. Il giorno dopo fu trasferita alle dipendenze del *LVI.Armee-Korps* e solo nel pomeriggio del 30 i reparti iniziarono a muovere verso nord. Il IV° Gruppo del Reggimento di artiglieria mosse da Sapolje in direzione di Wolosskowitschi mentre il I° Gruppo marciò durante la notte ritrovandosi sotto un pesante bombardamento da parte dell'artiglieria sovietica. Questo fu il primo vero contatto con il nemico. Al mattino del 31 luglio, i sovietici ritornarono a colpire pesantemente con la loro artiglieria le posizioni della *Polizei*. Nel pomeriggio i reparti della divisione rilevarono quelli della *8.Pz.Div.* prendendo posizione ad ovest della strada che portava a Leningrado. Furono allora organizzati dei *Kampfgruppen* per meglio coordinare le operazioni. La linea difensiva della *Polizei* si estendeva dalle colline di Domkino fino al lago di Wrewo. Sulla loro destra, c'erano i reparti della *3.Inf.Div.*, mentre sulla sinistra c'erano quelli della *269.Inf.Div.* Le posizioni della *269.Inf.Div.* erano state duramente attaccate dai sovietici con l'impiego massiccio di forze corazzate, ma i fanti della *Wehrmacht* avevano respinto tutti gli assalti e mantenuto le loro posizioni. Nel frattempo erano giunti i nuovi ordini per la *Polizei*: a poca distanza dal settore occupato dal *Polizei-Schützen-Regiment 3*, proprio sulla prossima direttrice d'attacco della divisione, c'era un corso d'acqua che andava da ovest ad est, nei pressi del quale campeggiava un grosso mulino. Le pattuglie esploratrici tedesche non erano riuscite ad individuare la dislocazione delle difese nemiche. Tra le opposte linee del fronte il primo obiettivo era rappresentato dal villaggio di Kut, che si riteneva fosse stato abbandonato dal nemico. Dove il corso d'acqua con il mulino attraversava la linea ferroviaria, ad ovest di Kut, c'era il villaggio di Smerdi. I comandanti di reparto della *Polizei* non sapevano altro. Il 1° agosto, i primi a muoversi in avanti furono i fanti del *Polizei-Schützen-Regiment 3*, che riuscirono senza farsi scorgere dal nemico, a guadagnare importanti posizioni per gli osservatori dell'artiglieria. Poco dopo infatti alcune batterie iniziarono già a 'colpire' le posizioni nemiche. Il *II./Pol.Sch.Rgt.3*, agli ordini dell'*Hauptmann* Konopacki mosse verso Kut. Dopo che gli esploratori riferirono che il villaggio era stato abbandonato dai sovietici, un plotone della *5.Kompanie*, mosse verso la parte occidentale del villaggio. I sovietici si ritirarono a nord della strada Kut-Smerdi, prima che giungesse nel settore anche il *III./Pol.Sch.Rgt.3* dell'*Hauptmann* Rehfeldt. Il 2 agosto alcune pattuglie sul settore sinistro incapparono in forti concentrazioni nemiche, scoprendo anche una batteria di artiglieria sovietica nascosta dietro il mulino ad acqua. Il comandante del *Pol.Sch.Rgt.3*, decise di lanciare un attacco in forze per il giorno dopo, su entrambi i lati dello stesso mulino. Una compagnia di fanteria fu impegnata sul settore destro ed altre tre compagnie in quello sinistro. Dopo essere avanzati per poche centinaia di metri, i fanti della *Polizei* furono bloccati dal massiccio fuoco di sbarramento delle armi pesanti dei sovietici. I nemici si erano ben trincerati e disponevano di numerosi mortai e mitragliatrici. La *6./Pol.Sch.Rgt.3* ricevette l'ordine di avanzare a nord di Kut. Colti di sorpresa dalla forte resistenza nemica, i fanti della *Polizei* furono costretti a cercare riparo nella foresta, dove furono riorganizzate le forze e fu prestato soccorso ai numerosi feriti.

Reparti esploratori a cavallo della *Polizei-Division*

Fanti della *Polizei* all'attacco delle posizioni nemiche. Notare il contenitore doppio porta canna di ricambio per la MG.

L'attacco contro Luga

L'offensiva contro l'area di Luga, pianificata per il 7 agosto, dovette essere rinviata a causa delle forti piogge. Nel pomeriggio del 9 agosto giunse ai reparti la parola in codice 'Berlin' per l'inizio dell'attacco, che iniziarono però a muoversi solo a partire dal 10. Gli ordini per il *LVI.Armee-Korps* erano di attaccare le posizioni nemiche su entrambi i lati di Luga, con lo *schwerpunkt* (il punto di maggiore sforzo) ad ovest della città. Seguendo il fuoco di preparazione dell'artiglieria, la divisione lanciò il suo attacco, con i due reggimenti in linea, guidato personalmente dal comandante divisionale, il *GeneralMajor* Mülverstedt. La divisione riuscì a conquistare le posizioni nemiche a nord di Smerdi penetrando in profondità attraverso la linea difensiva nemica. I combattimenti offensivi e difensivi durarono per tutta la giornata contro i reparti scelti sovietici. Il nemico impegnò ripetutamente forze corazzate. Con il favore del terreno boscoso e grazie alle numerose opere difensive i sovietici riuscirono a bloccare l'avanzata dei reparti tedeschi nella tarda serata. La divisione lamentò gravi perdite, ma quelle del nemico furono ancora più gravi. Nei giorni successivi, la missione della divisione fu di portare limitati attacchi locali contro le posizioni nemiche. Nello stesso tempo, il Comando tedesco ordinò il trasferimento della divisione sul fronte di Udraika, ad est della strada per Leningrado. La *Polizei* doveva inizialmente attaccare e distruggere le posizioni nemiche lungo il fiume. Subito dopo doveva volgere verso nord e conquistare la città di Luga con un attacco da est dell'omonimo fiume. Continuando a tenere impegnato il nemico con l'attacco precedente nel settore ad ovest della strada e spostando lo *schwerpunkt* nel settore ad est della stessa strada, i sovietici potevano essere colti di sorpresa. Inoltre la divisione riuscì ad ottenere un discreto successo con il fuoco della sua artiglieria, con il finto attacco lungo l'Udraika. L'attacco sul fianco della divisione, particolarmente l'attacco dell'*Oberst* Schulze alla guida del *Pol.Sch.Rgt.2*, rese possibile conquistare completamente il settore dell'Udraika già nel primo giorno degli scontri. Le perdite furono relativamente limitate, mentre quelle del nemico, specialmente in prigionieri, furono elevatissime All'alba del secondo giorno dell'attacco, il Reggimento continuò ad avanzare. Il nemico tentò di riorganizzarsi, ma a causa della forte pressione esercitata dalla divisione ad ovest della strada per Leningrado, i sovietici riuscirono a fare ben poco. Il *Pol.Sch.Rgt.2* riuscì così a travolgere le ultime difese nemiche e a conquistare Luga.

Ufficiale della *Polizei-Division*, decorato con la Croce di Ferro di Seconda Classe, durante i combattimenti a nord di Smerdi.

Questo successo aprì la strada ai tedeschi verso Leningrado. La divisione perse però nel corso dei combattimenti il suo comandante: il Generale Mülverstedt cadde in combattimento mentre guidava i suoi uomini all'attacco: accompagnato dal suo ufficiale di ordinanza, il *Leutnant* Reimer, Mülverstedt indossava una blusa mimetica ed impugnava una pistola-mitragliatrice. Una pioggia di colpi di obice si abbatté improvvisamente sugli assalitori, obbligandoli a buttarsi a terra. Mülverstedt, che si era inginocchiato per osservare il terreno, si alzò ed esortò i suoi uomini ad andare avanti come l'avrebbe fatto un qualsiasi sottufficiale. Fu in quel momento preciso che una scheggia di mortaio lo colpì in pieno petto. Spirò poco dopo al posto di soccorso della divisione.

L'*Oberst* Schulze, a destra, impartisce ordini ad elementi del *Pol.Sch.Rgt 2*

Cattura di un prigioniero sovietico: il soldato della *Polizei- Division* gli indica il posto dove consegnarsi (NA).

Nuovi attacchi

Al mattino dell'11 agosto, il *II./Pol.Sch.Rgt.3*, attaccò ad ovest del mulino ad acqua per allentare la pressione nemica contro il *I./Pol.Sch.Rgt.3*. L'intera area era stata minata dai sovietici. Superato l'ostacolo, il *Gruppe Thielmann* (*I.* e *II./Pol.Sch.Rgt.3*) ricevette l'ordine di attaccare in direzione di Stojanowtschina. I reparti dovevano avanzare dalla strada a sud del villaggio verso il punto settentrionale del lago Rakowitzkoje, dove si dovevano bloccare e circondare i reparti nemici. Il *III./Pol.Sch.Rgt.3* doveva invece catturare i *bunker* nemici da tergo, ma ciò non avvenne. Il *I./Pol.Sch.Rgt.3* attaccò Stojanowtschina e raggiunse le alture a nord della città nel pomeriggio. Il primo attacco corazzato nemico fu diretto contro il *I./Pol.Sch.Rgt.2*: quattro carri furono distrutti dai pezzi anticarro ed uno fu catturato intatto. All'alba del 12 agosto i sovietici attaccarono ancora con i carri particolarmente contro le posizioni del *II./Pol.Sch.Rgt.3*. Alcuni carri nemici furono distrutti con le granate a mano a distanza ravvicinata. L'intervento dei bombardieri in picchiata *Stukas* salvò la situazione in extremis. Nel giro di pochi minuti altri dodici carri nemici furono distrutti, altrettanti dal fuoco dei *Pak* ed un altro con le granate a mano. Verso le 10:00, gli osservatori avanzati della *1./Pol.Sch.Rgt.3* comunicarono via radio: "...*carri nemici si avvicinano alla nostra posizione!*".

Questa volta erano tre carri pesanti da 52 tonnellate, contro i quali i *Pak* da 37mm potevano fare ben poco. Due altri carri più piccoli furono distrutti mentre gli altri ripiegarono. L'artiglieria nemica, quasi per vendetta, prese a colpire le posizioni della *Polizei-Division* per molte ore, causando nuove perdite.

La conquista di Luga

Il 15 agosto 1941, all'interno del *Panzergruppe 4* di Hoepner, il *LVI.Armee-Korps* di von Manstein fu rilevato dal *L.Armee-Korps* di Lindemann. Nello stesso tempo il *XXXXI.Armee-Korps* del Generale Reinhardt raggiunse la linea ferroviaria Kingisepp (Jamburg)-Wolossowo, dopo duri scontri e gravi perdite. I suoi reparti erano giunti a sessanta chilometri da Leningrado e a soli trenta chilometri da Gatschina. Era però necessario eliminare al più presto le forze nemiche attestate a Luga e a tal scopo il 9 agosto, alla *3.Inf.Div.* fu ordinato di conquistare il terreno ad est del Lago Wrewo per eliminare la minaccia sul fianco destro. Per i combattimenti per la conquista di Luga furono impegnate esclusivamente la *269.Inf.Div.* e la *Polizei Division*, prima inquadrate nel *LVI.Armee-Korps* di von Manstein e poi nel *L.Armee-Korps* di Lindemann. Ma la situazione doveva mutare ancora. Al mattino del 16 agosto, il Generale von Manstein era sulla strada per Dno diretto al Quartier Generale della *16.Armee* del

Generaloberst Busch. Contemporaneamente la *3.Inf.Div.* mosse ancora verso est ed insieme alla Divisione *Totenkopf* attaccò il fianco e le retrovie della 34ª Armata sovietica. Sempre in quello stesso 16 agosto, i reparti del *I.Armee-Korps* piantarono la bandiera tedesca sul Cremlino di Novgorod, cinquanta chilometri più a nord, mentre il Generale Lindemann raggiungeva la linea del fronte della *Polizei* tra Stojanowtschina ed il Lago Rakowitzkoje. Lindemann ordinò di attaccare alfine di chiudere le forze sovietiche in una sacca tra i due laghi a sud di Luga. I sovietici disponevano in quest'area ancora di ingenti forze, ben trincerate tra le foreste. Il *Polizei-Schützen-Regiment 3* ricevette l'ordine di attaccare il nemico frontalmente e di costringerlo a ritirarsi. Per l'azione sarebbe stato rinforzato da alcuni plotoni di pionieri e dalla *1./Pol.Pz.Jg.Abt.* Mentre il *I.* ed il *II./Pol.Sch.Rgt.3* riuscirono ad avanzare senza incontrare alcuna resistenza, il *III./3* finì in un campo minato, restando bloccato. Solo grazie all'aiuto dei pionieri si riuscì a riprendere l'avanzata. Lasciate le posizioni raggiunte dai reparti della *269.Inf.Div.*, la *Polizei* fu impegnata a proseguire la marcia verso Luga attaccando da est, lungo la sponda orientale dell'omonimo fiume. Il 23 agosto furono attaccate le posizioni sovietiche a Szyretz e nel settore di Udraika e nel corso degli scontri che seguirono furono annientate numerose forze nemiche. Il *I./Pol.Sch.Rgt.3* ebbe il primo contatto con il nemico a sud-est di Szyretz, superò la rapidamente resistenza nemica e riportò la cattura della città in quella stessa giornata. La marcia del Battaglione proseguì in direzione di Kolodja mentre i reparti del *II./Pol.Sch.Rgt.3*, occuparono le alture ad ovest della posizione di Wybor. Mentre i Battaglioni continuavano la loro marcia, il Generale Lindemann si incontrò con il nuovo comandante della *Polizei*, l'*SS-Brigadeführer und Generalmajor der Waffen-SS* Walter Krüger[4], per discutere le successive mosse dell'attacco. Nel frattempo, il *I./Pol.Sch.Rgt.3* incontrò una forte resistenza a circa un chilometro ad est di Nelaja: furono quindi chiamati di rinforzo alcuni plotoni anticarro. La *1.Kompanie* in testa, raggiunse la posizione di Turowo e le colline a nord-ovest di essa durante la notte. Qui il Battaglione fu impegnato contro altre forze nemiche, anch'esse neutralizzate dopo duri scontri, che fruttarono anche duecento prigionieri. Dal 24 agosto la marcia della *Polizei* riprese tra le posizioni di Saklinje e Turowo; dopo aver attraversato il fiume, anche le altre isole di resistenza nemiche furono annientate. I sovietici lanciarono un contrattacco sul fianco sinistro, subito respinto. Il *I./Pol.Sch.Rgt.3* ed un plotone della *14.Kompanie* conquistarono la posizione di Schalewo raggiungendo la strada Luga-Leningrado. Verso mezzogiorno, l'*Oberst* Schulze[5], comandante del *Pol.Sch.Rgt 2*, riportò la cattura di Luga. L'entusiasmo per la conquista della città si manifestò nel radiomessaggio che Schulze inviò al comando della divisione: "...*siamo nel cuore di Luga. Dove sono gli altri?...*". Alla conquista della città contribuì notevolmente l'impegno dei pionieri della *Polizei-Division*, chiamati ad aprire la strada alla fanteria bonificando i numerosi campi minati e neutralizzando le numerose trappole 'esplosive' preparate dai sovietici che battevano in ritirata.

Raggruppamento di prigionieri sovietici nella foresta di Kut. Tra il 10 ed il 24 agosto, i tedeschi catturarono 1.937 prigionieri e distrussero ben 53 carri sovietici (NA).

L'*Hauptmann* Vockensohn, comandante del *III./Pol.Scht.Rgt.2*, scala personalmente il campanile della cattedrale di Luga per issare la bandiera del Terzo Reich (foto a destra), sotto gli occhi dell'*Hauptmann* Helmut Dörner (a sinistra).

Il Generale Lindemann, comandante del L.AK in visita al Battaglione esploratori della *Polizei*.
Sulla sinistra, si riconosce il suo comandante, il *Major* Wegener (NA).

In marcia verso nord

Al mattino del 25 agosto, il *Polizei-Aufklärungs-Abteilung*, agli ordini del *Major* Wegener[6], ricevette l'ordine di avanzare verso nord in direzione di Krupeli lungo la strada per Leningrado. La sua prima compagnia fu impegnata sulla sinistra e la seconda sulla destra. Il plotone *Pak* marciò direttamente sulla strada per Leningrado, mentre il plotone di artiglieria della terza compagnia fu posto dietro alla seconda compagnia. Verso le 18:00 un plotone della seconda compagnia esploratori, insieme ad un plotone di pionieri, ricevette l'ordine di attraversare il fiume Luga nei pressi di Ilsia e stabilire una testa di ponte. L'artiglieria nemica tentò di ostacolare i movimenti dei reparti della *Polizei*, senza successo. Il 26 agosto gli esploratori ricevettero l'ordine di attraversare il fiume Oredesh, con la 122.*Inf.Div.* impegnata a fornire fuoco di appoggio da nord. Tre reggimenti sovietici contrattaccarono per tentare di impedire la manovra, ma furono respinti dai reparti della *Polizei*. Dopo aver attraversato l'Oredesh, il Battaglione esploratori proseguì quindi verso nord. Dopo che alcune pattuglie esploratrici rilevarono che ad Oserzy e sull'intera sponda del fiume Tschernaja erano presenti ingenti forze nemiche, al Battaglione esploratori fu ordinato di assicurare il fianco destro dell'avanzata del II./*Pol.Sch.Rgt.2*, ma senza la disponibilità di armi pesanti la missione sembrava impossibile. Dopo la caduta di Luga, il L.*Armee-Korps*, ancora comprendente la 269.*Inf.Div.* e la *Polizei*, fu diretto contro la posizione di Krasnogvardeisk. Sulla destra della *Polizei* agiva la 96.*Inf.Div.* alle dipendenze del XXVIII.*Armee-Korps*. Tra le due divisioni c'erano però alcuni chilometri di distanza e proprio in questo spazio si lanciarono i sovietici nel tentativo di circondare le avanguardie tedesche. Nello stesso tempo, i reparti della *Polizei* proseguirono la marcia in direzione del villaggio di Lugi, situato a circa sei chilometri a nord del lago Wjalje: tra le paludi intorno alla posizione erano stati notati numerosi reparti nemici. Il *Polizei-Aufklärungs-Abteilung* non era molto distante, essendo ancora impegnato sul fiume Tschernaja su entrambi i lati di Oserzi. Al mattino del 29 agosto la 6./*Pol.Sch.Rgt.2* attaccò e conquistò la posizione di Oserzi, grazie anche al fuoco di appoggio dell'artiglieria divisionale. Dopo la conquista del villaggio, il Battaglione esploratori effettuò delle ricognizioni più a nord nel corso delle quali non si verificarono contatti con il nemico, in quanto i reparti sovietici nel settore si erano già ritirati. Proseguendo la marcia in direzione di

Reparti della *Polizei* impegnati ad attaccare in campo aperto, sul fronte a sud di Leningrado (*National Archives*)

Pelkowo, i reparti della *Polizei* incontrarono una maggiore resistenza da parte del nemico, che scatenò duri combattimenti con notevoli perdite. I sovietici avevano predisposto a ridosso del villaggio un complesso sistema di fortificazioni con numerosi campi minati. Dopo aver respinto il primo assalto tedesco, i sovietici contrattaccarono mettendo in campo numerose forze. Il *II./Pol.Sch.Rgt.2* giunse sul posto proprio quando la pressione del nemico si era fatta più forte, lanciandosi immediatamente all'attacco di Pelkowo. Nel pomeriggio le posizioni difensive sovietiche furono tutte eliminate. All'alba del 30 agosto furono effettuate dagli esploratori nuove ricognizioni a nord del villaggio in seguito alle quali furono individuate forti concentrazioni di unità nemiche a sud del lago di Szerjeschno. Raggruppate le forze, il *II./Pol.Sch.Rgt.2* continuò la sua marcia verso nord in direzione del villaggio di Ostrow dove si verificarono nuovi scontri con altri reparti nemici. Il *III./Pol.Sch.Rgt.2* fu impegnato nello stesso tempo, nella conquista di Lugi. Nei giorni successivi, il *Pol.Sch.Rgt.1* fu impegnato ad attaccare la posizione di Ssussanino, con l'appoggio del *I./Polizei- Artillerie-Regiment*, mentre la *269.Inf.Div.* attaccava in direzione di Lukaschi. Ssussanino fu conquistata il 6 settembre. In base agli ordini del Comando divisionale, il *Polizei-Aufklärungs-Abteilung*, il 5 settembre, raggiunse la posizione di Paruschkino sulla strada per Leningrado, poi proseguì in direzione di Drushnaja Gorka, stabilendo il collegamento con i reparti della *8.Pz.Div.* e la *269.Inf.Div.* Il 6 settembre, l'*Inf.Rgt.322* della *285.Sicherungs-Division* fu impegnato a lanciare un attacco in direzione di Ananewy, mentre il Battaglione esploratori della *Polizei* doveva coprire il suo fianco occidentale. Tuttavia i sovietici anticiparono l'azione dei tedeschi, attaccando per primi. Il Battaglione esploratori contrattaccò ferocemente allontanando la minaccia di una penetrazione nemica. Nel pomeriggio l'*Inf.Rgt. 322* fu in grado di lanciarsi finalmente all'attacco, ma incontrò una forte resistenza. Solo al mattino del giorno dopo, grazie all'appoggio di alcuni mezzi corazzati, la posizione di Ananewy fu strappata al nemico. In quel momento, elementi della *18.Armee*, in particolare il *Panzergruppe 4* e le forze sul fianco sinistro della *16.Armee*, lanciarono l'offensiva contro l'area di Leningrado.

Soldati della *Polizei* posano vicino ad un veicolo *Horch*. I berretti della Polizia hanno per il momento sostituito gli elmetti metallici. Il soldato a sinistra in foto indossa un camiciotto in mimetismo 'platano', mentre quello a destra ne indossa uno in disegno 'palmizio' (*Collezione Charles Trang*).

Penetrazione nella linea difensiva di Leningrado

A partire dal 9 settembre, tutti i reparti della *Polizei* erano quindi in marcia verso Leningrado. Lungo la strada, il prossimo obiettivo da conquistare era Krasnogvardeisk, una posizione di notevole importanza strategica, da dove poter lanciare attacchi contro l'anello difensivo intorno alla stessa Leningrado. La *269.Inf.Div.*, che agiva sulla destra della *Polizei*, ricevette la missione di raggiungere le foreste a sud-est di Krasnogvardeisk attaccando da est. La *6.Pz.Div.*, sulla sinistra, doveva invece assicurare la linea che andava dalla stazione ferroviaria di Ssuida fino a Lyadino-Ilkino. L'artiglieria della *Polizei* posizionò le sue batterie per colpire le postazioni difensive nemiche. L'11 settembre, il *Pol.Sch.Rgt.3* attaccò e conquistò la posizione di Parizy, mentre il Battaglione esploratori iniziò l'attacco contro la posizione di Bolshoi-Kolpany: verso le 12:00 il villaggio fu completamente in mano agli esploratori della *Polizei*.

Un graduato ferito, con entrambe le Classi della Croce di Ferro,
l'*Infanteriesturmabzeichen* ed il Distintivo per feriti di guerra.

Il 13 settembre, il Battaglione esploratori raggiunse la stazione ferroviaria di Gatschina, mentre i carri della *6.Pz.Div.* marciarono verso il settore fortificato dell'Ishora da ovest ed il 14 conquistarono Pulkowo, a soli dieci chilometri a sud dalla periferia di Leningrado. Per l'attacco contro Leningrado, la *Polizei* fu trasferita alle dipendenze del *Panzergruppe 4* del Generale Hoepner. L'anello difensivo intorno alla città era stato penetrato in più punti, ma i sovietici continuavano a resistere accanitamente. La seconda linea difensiva, ancora da superare, passava per le posizioni di Kolpino, Ssluzk, Puschkin, Ontolowo, Tayzy, Duderhof, Krasnoje Selo fino a Strelna sulla baia di Kronstadt. Le colline di Duderhof costituivano senza dubbio la posizione più fortificata di tutta la cinta difensiva. L'11 settembre erano state conquistate dalle forze del *XXXXI.Armee-Korps*. La disposizione delle divisioni tedesche intorno a Leningrado era la seguente, da nord a sud e verso est: *36.Inf.Div.*, *1.Pz.Div.*, *Polizei-Division*, *269.Inf.Div.*, *96.Inf.Div.* e la *122.Inf.Div.* Il 13 settembre, morì in ospedale per le gravi ferite subite in combattimento, il comandante del *Pol.Sch.Rgt.2*, Hans Christian Schulze, decorato con la Croce di Cavaliere due giorni prima e promosso al grado di *Brigadeführer* a titolo postumo. In quella stessa giornata, giunsero a Krasnogvardeisk anche i reparti del *Pol.Sch.Rgt.3*, che il giorno dopo mossero verso sud-est in direzione di Pishama/Pustoschka con la missione di rilevare le forze della *269.Inf.Div.*

Il giorno prima, il grosso di questa divisione, era passato attraverso Krasnogvardeisk, catturato i ponti ancora intatti sul fiume Ishora ed era avanzato lungo la strada Krasnogvardeisk-Romanowo-Ontolowo. Per saggiare la consistenza delle forze nemiche, furono condotte puntate offensive sia dai reparti della *Polizei* che della *269.Inf.Div.* Il *Pol.Sch.Rgt.3* continuò a coprire il fianco del Corpo con due battaglioni, avendo distaccato il *II.Bataillon* alle dipendenze dell'*Inf.Rgt.490* della *269.Inf.Div.* Il *Pol.Sch.Rgt.2* invece, insieme al Battaglione esploratori iniziò l'attacco contro Pushkin, mentre il *Pol.Sch.Rgt.1* copriva il fianco meridionale dell'attacco nell'area ad est della strada per Leningrado e nello stesso tempo il fianco nord-ovest della *269.Inf.Div.*

Elementi della *Polizei-Division* in un villaggio russo sul fronte di Leningrado.

Oberst Hans Christian Schulze.

Settembre 1941, reparti della *Polizei* in marcia

I combattimenti per Pushkin

L'attacco contro Pushkin iniziò il 15 settembre: i fanti del *Pol.Sch.Rgt.2* e gli esploratori della *Polizei* furono appoggiati dal fuoco del I° Gruppo del Reggimento di artiglieria divisionale. Due divisioni del *XXVIII.Armee-Korps*, la *96.Inf.Div.* e la *121.Inf.Div.*, avevano già attaccato nei giorni precedenti la posizione, ma non erano riuscite a piegare completamente la resistenza sovietica. Il *I./Pol.Art.Rgt.* della *Polizei* dispose le sue batterie nell'area di Kowrowo tra la strada per Leningrado e la linea ferroviaria. Nel corso del 6 settembre i due battaglioni del *Pol.Sch.Rgt.2* continuarono i loro attacchi verso la periferia della città. Nello stesso tempo, anche l'*Inf.Rgt.469* della *269. Inf.Div.* si avvicinò ai sobborghi di Pushkin da sud, passando per il locale aeroporto. I carri della *1.Pz.Div.* da parte loro, avevano raggiunto e conquistato già la posizione di Alexandrowka.

Sul lato più lontano di Pushkin, ad est della linea ferroviaria Leningrado-Pushkin-Ssluzk, l'obiettivo dell'attacco della *Polizei-Division*, i reparti della *96.Inf.Div.* e della *121.Inf.Div.* avanzarono verso Nowo Westi e Ssluzk. Il secondo obiettivo dell'attacco, la strada da Alexandrowka verso sud-est fino ai sobborghi occidentali di Pushkin, fu raggiunto dal *Pol.Sch.Rgt.2* nella giornata del 16 settembre. Gli ordini per il 17 settembre furono i seguenti: "*..il 17 settembre la divisione deve riprendere l'attacco contro la parte settentrionale di Pushkin alle 9.00. Il rinforzato 2° Reggimento deve avanzare con un gruppo d'assalto sulla sinistra della strada proseguendo verso Pushkin e con un secondo gruppo d'assalto sulla destra della strada. Dopo aver raggiunto la città, il gruppo d'assalto sulla sinistra deve procedere da nord verso sud-est, mentre quello sulla destra da sud verso nord-est. E' necessario raggiungere la linea ferroviaria direttamente ad est di Pushkin*". Il precedente ordine stabiliva per la divisione di organizzarsi per la difesa dopo aver conquistato Pushkin (Zarskoje Sselo). Quindi per la prima volta, veniva dato chiaramente un alt ufficiale a qualsiasi azione offensiva da parte dell'*OKW* e questo rientrava nella decisione di Hitler di concentrare gli sforzi maggiori per l'attacco contro

Posizione difensiva sovietica a sud di Leningrado.

Fanti della *Polizei-Division*

Batteria di artiglieria della *Polizei-Division* in posizione

Mosca. All'inizio di settembre, il *Führer* aveva infatti dato l'ordine di attaccare la capitale sovietica e conquistarla e di proseguire contemporaneamente a sud l'offensiva in Crimea e nel Caucaso.

Leningrado doveva invece essere circondata ed affamata, in modo da indurla alla capitolazione e poiché l'accerchiamento-assedio non richiedeva forze corazzate, il 17 settembre Hitler ordinò il ritiro del gruppo corazzato Hoepner e delle formazioni di bombardieri dal fronte di Leningrado. Sarebbe bastata la fame e l'assedio delle sole fanterie a decretare la caduta della città. L'ordine assurdo giunse proprio nel momento in cui sarebbe bastato un ultimo massiccio sforzo per conquistare l'antica capitale degli Zar. La decisione degli Alti Comandi Tedeschi era stata presa anche in seguito all'intenzione dei finlandesi di non partecipare all'attacco contro la stessa Leningrado. Il Comando finlandese si era accontentato infatti di riprendersi i territori sottratti dai sovietici durante la guerra d'inverno del 1939-40 e non intendeva andare oltre. Mentre il Comando tedesco ritirava truppe dal fronte di Leningrado, il *Pol.Sch.Rgt.1* fu impegnato a respingere gli attacchi dei reparti sovietici che operavano nell'area a nord-est di Krasnogvardeisk. Il Reggimento iniziò a rastrellare l'area ad est della strada che andava da Kowrowo fino a Kisskissari, mentre nello stesso tempo un gruppo da combattimento dello stesso si occupò della conquista di Ontolowo, un villaggio lungo la strada Nowaja- Pushkin. Il 17 settembre il villaggio fu conquistato, tranne l'angolo sud-occidentale, dove i sovietici si erano arroccati per un'ultima estrema resistenza. Solo all'alba del 18, dopo furiosi ed accaniti combattimenti casa per casa, gli ultimi nidi di resistenza nemica furono tutti eliminati.

Soldati della *Polizei-Division* nei pressi di uno dei tanti 'cimiteri' di guerra tedeschi lungo la strada verso Leningrado, settembre 1941.

Soldati sovietici, nascosti in una delle tante trincee scavate a difesa di Leningrado.

Passaggio sulla difensiva

Dopo la decisione dell'Alto Comando di lasciare alle sole fanterie la continuazione dell'assedio di Leningrado, il prossimo obiettivo della *Polizei* furono le colline di Pulkowo, dalle quali era possibile dominare l'intera area di Leningrado. Il 23 settembre la *269.Inf.Div.* e la *Polizei* attaccarono le posizioni di Pulkowo e Bolshoi Kusmino: secondo gli ordini, la *269.Inf.Div.* doveva effettuare una manovra avvolgente dalla sinistra con il grosso dei suoi reparti, attaccare e conquistare le posizioni nemiche sulle colline ad ovest di Pulkowo. La *Polizei* invece doveva attaccare e conquistare Bolshoi Kusmino e la parte orientale di Pulkowo, stabilendo successivamente il collegamento con i reparti della 269. Alle sei del mattino, un massiccio fuoco di preparazione dell'artiglieria tedesca si rovesciò sulle colline di Pulkowo. Subito dopo giunsero alcune squadriglie di bombardieri in picchiata *Stukas* a colpire pesantemente dall'alto le posizioni sovietiche. I nemici ben nascosti nei loro *bunker* e nei loro trinceramenti, malgrado il grande volume di fuoco che gli piombò addosso, riportarono ben poche perdite. Infatti, quando iniziò l'attacco dei reparti della *Polizei* e della *269.Inf.Div.*, i sovietici opposero una feroce resistenza, sì da costringere i tedeschi a ripiegare. Il *Pol.Sch.Rgt.1* rinnovò il suo attacco in direzione di Kusmino verso mezzogiorno: inizialmente l'azione conseguì qualche successo, ma quando i fanti della *Polizei* giunsero al centro del villaggio furono impegnati in durissimi scontri corpo a corpo e solo grazie all'intervento di elementi del *Pol.Sch.Rgt.3*, Kosmino fu conquistata. Alla fine di settembre i reparti della *18.Armee* che assediavano Leningrado erano così disposti, partendo da destra, dal fiume Tossna (che segnava il confine con la *16.Armee*): *XXVIII.Armee* con la *122.Inf.Div.*, la *121.Inf.Div.* e la *2.SS-Inf.Brigade*, fino alla linea ferroviaria di Pushkin. Da qui, come ala destra del *L.Armee-Korps*, la *Polizei-Division* sulla strada per Leningrado a sud di Pulkowo. Sulla sinistra c'erano la *269.Inf.Div.* e la *58.Inf.Div.* Mentre gli attacchi diminuivano sempre più di intensità, l'inverno russo stava facendo il suo ingresso sui campi di battaglia e già dalla metà di ottobre iniziò a nevicare. Le opposte fanterie iniziarono ad indossare solo abiti bianchi per meglio mimetizzarsi tra il paesaggio innevato. I sovietici fecero affluire lungo tutto il fronte dell'Est, numerose formazioni siberiane per respingere i tedeschi. Le forze tedesche da parte loro, all'inizio di novembre furono costrette a ripiegare lungo la linea del fiume Volchov. Nel settore della *Polizei* non si verificarono scontri di rilievo.

Elementi della *Polizei* addetti ai rifornimenti in marcia tra il fango

Postazione difensiva della *Polizei* a Pulkowo con una *MG-34*

Note

(1) Solo nel febbraio del 1942 divenne ufficialmente una formazione SS, con il titolo di '*SS-Polizei-Division*'.
(2) Karl v.Pfeffer-Wildenbruch, nato il 12 giugno 1888 a Berlino, SS-Nr. 292 713.
(3) Arthur Mülverstedt, nato il 30 giugno 1894 a Gebeseee/Erfurt, SS-Nr. 292 712.
(4) Ufficialmente al comando della divisione dal 18 agosto 1941.
(5) Hans Christian Schulze, nato il 15 luglio 1893 a Schwartenbeck/Kiel, SS-Nr. 401 321.
(6) Albert Wegener, nato il 3 marzo 1900 a Löwenberg, SS-Nr. 309 067.

La *Waffen-SS* nei combattimenti davanti a Leningrado
(*Waffen.SS im Kampf vor Leningrad*)

Dal corrispondente di guerra **Alfred Dr. Tross**, disegni di **Fritz R.Weber**, riadattati da Antonio Guerra

Steiniger-Verlage, Berlino 1942, Numero #151 della serie "*Kriegsbücherei der deutschen Jugend*", Biblioteca di guerra della gioventù tedesca. Erano dei volumi realizzati come strumento di propaganda per la gioventù tedesca e spesso contenevano anche un modulo per potersi arruolare. Questo fu uno degli ultimi volumi della serie, pubblicato nell'autunno del 1942. Gli eventi descritti risalgono però alla campagna del 1941, durante la marcia della *Polizei-Division* verso Leningrado.

In marcia tra i boschi

Bosco, bosco, nient'altro che bosco! Pini, abeti rossi, betulle e dove il sottosuolo è palustre, anche ontani. Ma in nessun bosco come in questo, dove noi ora ci troviamo, è possibile vedere attraverso i grossi alberi! Qui, la vegetazione ti attacca, nasce in modo confuso e sparpagliato, le sterpaglie proliferano selvaggiamente tra gli alberi e riempiono tutto il denso sottobosco. Devi prima aprirti la strada attraverso di loro per poter andare avanti, non hai visibilità oltre i due metri. Il reparto esplorante si insinua sugli stretti sentieri attraverso questa vegetazione. Ma c'è qualcosa sul terreno che può aiutare la loro osservazione e ricognizione? Niente li può aiutare in questa foresta vergine. Come farà l'artiglieria pesante che ha bisogno solo di radure molto ampie a nascondersi in questo bosco senza sentieri? Anche le mitragliatrici non sparano nessun colpo sul campo ed i carri armati tacciono. Per quanto riguarda i tiratori nemici si nascondono dappertutto, mimetizzati nei loro nascondigli tra foglie verdi e muschio lasciando scoperto solo l'elmo d'acciaio. Ma, più avanti nella profondità ci sono dei varchi che si aprono in ampiezza, offrono un comodo posto per sedersi e permettono di nascondere quantità gigantesche di munizioni di vario tipo. I tiratori sovietici ci possono sorprendere anche quando si esce improvvisamente da questa intricata sterpaglia o all'interno della stessa boscaglia verde, difficilmente si riesce a localizzarli nei loro nascondigli ben mimetizzati. In questi boschi primordiali, gli uomini delle formazioni SS si fanno strada già da varie settimane. E quasi nessun avvicendamento è stato effettuato qui! Occasionalmente tra la vastità del territorio, si osserva che parte della superficie è stata coltivata, mentre una parte è incolta; talvolta perfino nei prati si vede un gregge di bestiame che pascola; nei paesi che a volte attraversiamo, troviamo le esili capanne vuote. Quelle che ci sono ancora, sono terribilmente rovinate, la maggior parte è stata bruciata dalle truppe sovietiche in ritirata o in seguito al bombardamento dell'artiglieria. Poi di nuovo la foresta vergine ci mostra si trasforma in una palude melmosa che si estende per chilometri senza la presenza di alberi, solo alcuni cespugli di erba robusta e alta, con acqua marrone. Questo settore è attraversato solo da un'unica strada che anche se è rimasta danneggiata dai combattimenti, deve prima essere conquistata o abbandonata dal nemico. Le nostre auto rimangono bloccate nella melma fino agli assi ed i pionieri, per mezzo di tronchi di legno, devono creare di nuovo una base di appoggio in un certo qual modo solida. Questo non sempre riesce, perché quando piove le strade si riempiono di fango ed in assoluto sono solo i trattori pesanti con i loro cingoli, che riescono a portare al fronte munizioni e vettovagliamento; nessun altro veicolo può transitare in quella palude. Perfino i conducenti delle moto non trovano più una corsia, anche se stretta, ai lati della strada e spesso seduti sui sellini maledicono ed imprecano cercando con le ruote un poco di terreno solido. La Russia sovietica è grande e povera! Cosa vede sul posto il milite per giorni, settimane dopo settimane e dopo mesi? Boschi ed in continuazione boschi, poi si passa ai campi, distese immense basse e piatte, dove a destra ed a sinistra lungo la strada sono cosparse le carcasse dei veicoli e dei carri armati, poi paesi abbandonati e bruciati completamente, uomini tormentati dai pidocchi, poi più niente.

Reparti della *Polizei* in marcia sul fronte dell'Est (NA)

...marcia tra i fitti boschi (NA)

Ovunque si muore....
Ovunque si muore, qui in questa estate, dove tutto è verdeggiante: innanzitutto e prima di tutto nei boschi, poi sui prati anche se non sono diventati grigi a causa del sole estivo. Si distingue il verde delle uniformi dei soldati sovietici che sono stati catturati, quelle dei soldati che sono rimasti immobili nel fango o su un veicolo trainati da cavalli distrutto, su un camion o accanto ai cannoni ed alle mitragliatrici, si vedono i caschi di acciaio gettati via ed i fossati pieni di maschere antigas. Abbiamo davanti agli occhi il verde ed il blu, ma questo quando i cannoni ed i mortai nemici non aprono il fuoco; tutto si può preservare o distruggere: Russia sovietica, questo è ora un inferno verde!!! E' con decisione che la Divisione SS sta attraversando questo territorio d'inferno! Aveva lasciato i boschi primordiali alle spalle ed ora si trovava in terreno aperto. Si era tutti soddisfatti dopo essere usciti da questi boschi primordiali. Tutti hanno potuto tirare un profondo respiro di sollievo. Ma ora, intorno e davanti a loro, c'é la periferia di Leningrado. Come una grande meta lontana, questa città, dalla quale si vuol far credere sia nata la peste bolscevica e dalla quale aveva preso il via la morte che aveva attraversato l'immensa Russia, ora dopo settimane di marce siamo davanti ad essa. Nei boschi primordiali, i sovietici avevano trovato l'elemento giusto per bloccarci ed attraverso la loro tenace difesa avevano rallentato in continuazione la nostra avanzata attraverso una guerriglia attuata tra i cespugli. Ma non l'avevano però impedita totalmente. "....*Per il tedesco niente è impossibile!*", così il *Führer* aveva detto, così i valorosi fanti tedeschi avevano fatto, il peso principale dei combattimenti è stato sempre sulle loro spalle in questi boschi, provando un nuovo tipo di guerra. Ora però erano arrivati a ridosso delle fabbriche di armi e di munizioni alle porte di Leningrado. Una volta usciti dal bosco e trovatisi sulla pianura, la prima grande risorsa della città veniva eliminata. Il Reggimento della Divisione SS era entrato nella città da ovest, mentre i cameratí della *Wehrmacht* erano penetrati dalla parte est finendo per incontrarci. Nella parte sud che è stata evitata, i bolscevichi avevano assicurato la protezione della città preparando un vasto campo minato. Per questa ragione la zona era stata aggirata: il terreno è stato ripulito in un secondo tempo senza perdite. Il Reggimento si è potuto concedere subito dopo un giorno di riposo. Questo ha fatto bene al morale della truppa.

L'*SS-Unterscharführer* Arnold con gli uomini del suo gruppo ha ripulito la città dagli ultimi focolai di resistenza e per assicurarsi personalmente che tutto fosse a posto, è penetrato nell'abitato, per la cui conquista si era combattuto comunque per alcuni giorni: "...*Beh, non è restato molto in piedi qui*", ha detto il soldato delle SS Streit. "...*Se ci dovessimo fermare più lungo, in effetti, dovremmo metterci a cercare un vetro ancora intatto*". "...*Qui uno pensa di poter trovare di nuovo un certo comfort*", schernisce l'*SS-Unterscharführer* Arnold. "...*Se in assoluto potessi avere ancora un tetto sulla testa potrei essere felice. Di sicuro qui resterà abbastanza a lungo solo il cielo blu e da ora gradualmente andiamo verso l'autunno*". Sul grande incrocio stradale, i soldati avevano collocato un'immagine di Lenin tenuta in piedi da tronchi. Questo distende il braccio indicando la direzione di Leningrado e trattiene una tavola su cui è scritto: "...*Per Leningrado chilometri X*". Tutti gli passano davanti e guardano questo strano manifesto. Gli uomini delle SS, noi compresi, passandogli vicino abbiamo riso. Il traffico nel frattempo ha preso nuovamente ad ingombrare la strada. Qui sul posto sono iniziate a transitare le colonne infinite di soldati tedeschi a piedi o con uno o più tipi di automezzi: sciolto ed in modo elastico il cavaliere è seduto sul proprio cavallo; facilmente ed in modo tranquillo il fuciliere motociclista dopo parecchio traballare sulle strade infangate ora guida su un'insolita strada liscia. Lungo la ciclabile, i soldati avanzano camminando come per gioco. Oggi i volti non sono, come spesso accade nelle estati calde, incrostati dal sudore e dalla sporcizia fino ad essere irriconoscibili, ma sono limpidi, tesi e duri, per i pesanti sforzi delle settimane di guerra passate, ma negli occhi brilla la luce. La luce dell'annunciata fiducia per la vittoria. Vittoria! Vittoria! E' quello che sembra cantino gli scarponi, in questo loro avanzare! Domani, gli uomini delle SS avanzeranno di nuovo come oggi, di nuovo in avanti, guardiani su un nemico, meno pacifico di quanto lo è stato fino a questo momento: ora arriva l'uomo nero. Era sempre così. Ci eravamo appena fermati, che ci è giunto l'ordine di un superiore, che ci imponeva di proseguire l'avanzata ed inseguire i nemici. Questo significava che dobbiamo ancora una volta metterci in marcia, pronti per una nuova battaglia. Non era ancora abbastanza per oggi. Chi è stato qui, ha sentito parlare dell'avanzata irresistibile e vittoriosa delle truppe tedesche, alla quale avevamo preso parte anche noi. Ognuno di noi è stato invaso come da una specie di ubriacatura. Dopo un momento, gli uomini delle SS hanno deviato in una strada laterale.

Reparti della *Polizei* nei boschi a sud di Luga (*Collezione Charles Trang*)

Fanti della *Polizei*, in un momento di pausa (NA)

L'*SS-Sturmmann* Körner pronuncia qualcosa, ma a causa del suo dialetto sassone, non sempre lascia capire tutto quel che dice, ma gli uomini amano seguirlo: fin dall'inizio era stato assegnato al settore tenuto dal Gruppo Arnold e tutto era sempre proceduto ottimamente, anche perché era un uomo invidiabile. Dovunque passava Körner, c'erano sempre dei polli in grande quantità, talvolta riusciva a trovare perfino delle oche. Anche se c'erano dei divieti, Körner riusciva sempre a trovarli i polli. Lui si scusava, dicendo che gli animali erano già morti ed erano stati trovati lungo il percorso dell'avanzata, "*difficilmente gli animali*" si potevano "*liberare*" dalla loro cattività. Qualche volta a Körner veniva assegnato un altro servizio al posto di quello della guardia, affinché il bottino catturato potesse trasformarsi con calma in uno stato commestibile. Belli, marroni e croccanti diventavano poi questi animali che venivano presentati davanti a tutti, guarniti anche con molta cipolla.

Questa veniva arrostita insieme alle patate e poi, il tutto sapeva almeno di qualcosa. Erano gustosi anche da soli e non solo perché c'era la cipolla. Le voci che circolavano su Körner, dicevano che fosse il migliore a preparare le patate arrostite. In questa Russia sovietica, dove non potevi avere molte possibilità di muoverti in lungo ed in largo, qualcuno lo aveva già definito come l'esperto dell'alta cultura delle patate arrostite. Presso di lui, si sono formati parecchi specialisti nell'arrostire le patate. Come riferivano le voci in giro, Körner, era contemporaneamente sia un sassone di origine che un sassone di formazione. Ai camerati, narrava spesso quello che era accaduto in quei vecchi palazzi e parchi di proprietà degli Zar e come loro cercassero di tenere nascoste le vicende d'amore, di crudeltà e di tradimenti. Oggi eravamo già entrati all'interno di un parco ed avevamo costeggiato una bella stradina che portava ad un laghetto dove ci siamo rallegrati quando abbiamo potuto vedere sull'acqua, l'immagine di un grande palazzo, una vista meravigliosa. Ieri mattina però sembrava tutta un'altra cosa In tutto il parco erano presenti mortai pesanti e carri armati.

Ufficiale della *Polizei-Division* (*National Archive*)

Soldati tedeschi e carri sovietici distrutti

Sepoltura per un camerata caduto

Ora invece possiamo stare seduti pacificamente su una panchina e si possono guardare le grosse querce, alte e robuste, sparse sull'ampia superficie erbosa del parco. Erano delle vere querce, proprio come quelle che avevamo a casa nostra. Körner racconta che anche più avanti, nel proseguire la conquista, si troveranno altri palazzi e parchi di proprietà degli Zar. Siamo solo a trenta chilometri da Leningrado e la città è sicuramente molto popolata. E' quasi certo che la popolazione opporrà una difesa molto forte e si dovrà calcolare prima quanto tempo questa potrà durare, quindi per ora possiamo restare seduti qui. Di certo, dopo la conquista del settore, la calma che ci aspettavamo di trovare, dopo che ci eravamo soffermati nel sottobosco del parco, non è durata a lungo. I bolscevichi hanno iniziato un fuoco di disturbo con la loro artiglieria pesante, impiegando i cannoni delle navi ancorate nel porto di Leningrado ed facendo intervenire anche la loro aviazione. Quella sera, quando gli uomini delle SS si sono addormentati, c'è chi avrà sognato i nuovi combattimenti incombenti, ma c'è anche chi ha sognato avventure di ogni tipo nei vari palazzi costruiti degli Zar. Nei prossimi giorni, tutto sta ad indicare che ci dovremmo avvicinare ad un importante centro abitato dell'impero sovietico. Durante i combattimenti nei boschi avevamo fatto conoscenza con strade e sentieri in cattivo stato, ora che siamo qui, all'uscita settentrionale della città, ci troviamo di fronte a tre ampie strade asfaltate che proseguono verso nord, due delle quali erano asfaltate in un modo irreprensibile. Gli uomini addetti ai rifornimenti si sono rallegrati!

Il Reggimento, al quale appartenevano i nostri camerati di ieri, ha proseguito la marcia davanti a noi, sia a destra che e a sinistra della strada principale di destra. Una volta che i Battaglioni e le Compagnie erano passati, è arrivato un reparto dell'artiglieria della divisione, che si è installato qui in zona per assicurare la protezione del fianco destro contro un eventuale contrattacco nemico. La quinta Compagnia, alla quale appartiene l'*SS- Unterscharführer* Arnold con i suoi uomini, si trova ancora in retroguardia ed in lontananza, davanti a loro, possono osservare degli uomini distesi al suolo. Tanto più la Compagnia si avvicina, tanto più grande risultava essere il numero delle tracce a testimonianza dei duri combattimenti, che i difensori sovietici avevano imposto agli uomini delle SS che avevano attaccato. I camerati del primo Battaglione domani saranno sostituiti sulla linea del fronte dal secondo. In mezzo al campo di battaglia, si potevano individuare, e la zona ne era abbastanza piena, delle trincee ben mimetizzate. In quel terreno pianeggiante, leggermente in salita, i *bunker* erano riconoscibili con grande difficoltà, vista l'ottima mimetizzazione: erano stati costruiti in maniera solida ma ora erano stati distrutti.

Squadre mitraglieri tedesche, forniscono fuoco d'appoggio

Una delle tante posizioni difensive nemiche travolte

Reparti esploranti tedeschi all'interno di un villaggio in fiamme

La copertura di uno di questi, costruito accanto agli alberi, era stata fatta intrecciando molti rami di albero, poi coperto con uno strato di terra e di sabbia, poi altri arbusti e di nuovo altra terra e mucchi di erba, in maniera che il *bunker* rimanesse indistinguibile nel paesaggio circostante. Adesso è rimasto solo un buco vuoto con ai lati pesanti tavole di legno ribaltate a terra. Usate come schermo, sono state crivellate di colpi sparati dagli attaccanti finché un preciso colpo di *Pak*, o ha ucciso le persone all'interno o le ha fatte uscire allo scoperto. Da quanto si può vedere, i bolscevichi hanno pagato a caro prezzo la loro resistenza. I campi intorno sono coperti dai loro cadaveri; una volta distrutte tutte le mitragliatrici, con i loro grossi cappotti, hanno abbandonato i mortai e si sono ritirati dietro a delle piccole conche. Dall'altra parte, sempre lungo la strada principale, i camion, i cannoni e perfino alcuni carri armati nemici, tutti di color verde, che erano lì apparentemente per coprire la ritirata, erano immobili, colpiti dal fuoco dell'artiglieria tedesca. "*....Qui dobbiamo organizzarci perché si deve fare qualcosa*", ha detto il comandante di Plotone, l'*SS-Untersturmführer* Hertel[1], ai suoi soldati. "*...Di sicuro non ci lasceranno fare una passeggiata fino a Leningrado*". Il tuono lontano dell'artiglieria ci ricorda che anche qui, come dappertutto nel territorio dell'Unione Sovietica, una passeggiata confortevole di quelle con effetto benefico, di certo non è permessa ai soldati. Nel frattempo, abbiamo ripreso la marcia; alcuni chilometri in avanti ci siamo ritrovati su un terreno simile al precedente. I plotoni della Compagnia si sono spostati separatamente. Ogni tanto, i gruppi si dovevano mettere al riparo a causa degli attacchi dell'aviazione nemica. Sebbene i nostri caccia ed i nostri bombardieri, abbiano il dominio assoluto dello spazio aereo, è probabile che siano intervenuti a Leningrado o in altre città o nei punti dove i bolscevichi oppongono una resistenza maggiore. Si sono quindi arrischiati a lasciare libera questa zona già occupata e per questo gli aerei nemici *Rata*, ci attaccano e lanciano bombe. Verso sera, la Compagnia ha sostituito i camerati nelle trincee della prima linea. Il terreno era piano ed aperto, visto da qui, solo in lontananza c'era un bosco di abeti rossi quasi impenetrabile. Nei fossati ci si poteva muovere solo se chinati; non appena un casco di acciaio si mostrava sopra il margine del fossato, le mitragliatrici nemiche iniziavano a sparare nella sua direzione o sibilavano i proiettili dei *Pak*. Un terreno difficile da difendere, che ha bloccato completamente l'entrata alla grande città dalla parte meridionale, che si mostra pianeggiante, mentre sulla sinistra è protetta dal bosco.

Reparto tedesco in perlustrazione in un villaggio

Missioni esplorative

Domani l'assalto dovrà proseguire: l'esplorazione del territorio e la ricognizione delle posizioni del nemico sono state portate a termine durante la notte dal reparto esplorante. All'*SS-Unterscharführer* Arnold, sono stati affiancati i soldati Streit, Körner e Fischer. Era una notte stellata e chiara quando ha lasciato il fossato con i suoi uomini. E' andato diritto per qualche centinaio di metri attraverso un campo di patate fino al limite della strada, che ha poi superato trasversalmente da destra a sinistra. Là, qualcuno stava ancora scavando e noi dalla nostra posizione, ascoltiamo. Davanti a lui, non si notava nessuna presenza del nemico, solo in avanti sulla sinistra, nel paese, dove talvolta di notte risuonava il latrato dei cani, probabilmente abbandonati, sembra tutto tranquillo. Prima di cambiare postazione, i bolscevichi avevano sparato per giorni con i cannoni della fanteria ed i pezzi anticarro.

In quelle stesse giornate, i nostri aviatori avevano sganciato parecchie bombe a caduta libera; dopo di ciò, i sovietici si erano dovuti spostare ed avevano stabilito nuove posizioni difensive più indietro. Individuarle, era ora il compito del reparto esplorante di Arnold: si doveva avvicinare il più possibile alla località, ad una distanza sufficiente a non farsi scoprire e come ogni osservatore, imprimersi in mente esattamente le posizioni del nemico: "*…..Ascoltate per quanto sia possibile e tenete tutto d'occhio*", Arnold ha riferito in merito alle posizioni nemiche…..il reparto esplorante si muove protetto nel lungo e profondo fossato.

Poi gli uomini raggiungono un incrocio. Una delle strade conduce direttamente al villaggio. Questa era la via più breve, ma ci saremmo avvicinati troppo al villaggio, quindi bisognava passare velocemente. La luna in quel frangente, illuminava la strada e lo stesso fossato in maniera troppo vistosa, inoltre quella via era troppo esposta per l'azione… Si decide quindi di eliminare il problema proseguendo verso sinistra. Gli uomini sono passati lungo uno stretto campo, tra una fila di betulle ed una di arbusti spinosi che davano una buona protezione; però era un posto che poteva dare una buona copertura anche al nemico. In guerra, non si ha mai la sicurezza al cento per cento, soprattutto per i reparti da ricognizione ed i reparti d'assalto. Tutto dipende dalla sorte. Nel frattempo eravamo giunti fino ai primi cespugli, dietro ai quali ci siamo chinati per osservare i dintorni, poi abbiamo continuato. Ad un tratto Arnold ha fatto un segnale, quindi tutti ci siamo chinati silenziosamente al suolo. Con un cenno della mano, ha chiamato vicino a sé Streit e Körner; una postazione nemica fortificata era stata individuata sulla destra davanti a loro. I sovietici erano davanti ad un granaio, che distava circa cento metri dalle prime case del villaggio. A quella distanza, dava l'impressione di un misero granaio molto comune, con il tetto bucherellato, ma di certo all'interno doveva esserci qualcosa, visto che chi ne usciva, sgattaiolava via chinato su sé stesso. Questa costruzione di legno poteva essere alla fine un *bunker* mimetizzato? Non era la prima volta che case innocenti si rivelavano improvvisamente delle postazioni difensive ben organizzate. Mentre Körner continuava ad osservare il granaio, Arnold ha verificato più di una volta la propria posizione, decidendo di aggirare il pericolo con prudenza. All'interno del villaggio, si è sentito il rumore dei motori di alcuni automezzi.

Reparto SS e villaggio in fiamme in lontananza

Avevano portato i rifornimenti di uomini o munizioni? Questo sarebbe stato importante saperlo. E così, proseguirono con calma attraverso il campo di patate. Fianco a fianco gli uomini delle SS sono avanzati lentamente nel campo, lasciandosi sulla destra il granaio occupato dal nemico. Tra il campo di patate e le prime case del villaggio, nella parte posteriore dove c'erano piccoli giardini e la strada svoltava lateralmente, c'era un pezzo di terreno libero. L'*SS-Unterscharführer* Arnold sapeva che era pericoloso attraversare quello spazio, ma voleva tentare lo stesso, per potere osservare da vicino quello che succedeva nel villaggio! Ha portato con sé solo Körner mentre gli altri sono restati entrambi sul posto. "...*Presto ritorniamo*", ha detto loro. "...*Se doveste sentire dei rumori provenire dal villaggio, non dovrete pensare a noi che saremo già spacciati, ma dovrete tornare indietro in fretta e al più presto*". Due figure passano velocemente attraverso il primo giardino. I cani nei cortili delle case non hanno abbaiato più nervosamente del solito. Qui davanti alla strada, sono risuonati dei passi, poi è tornato di nuovo il silenzio. Entrambi gli uomini rimasti indietro, Streit ed Fischer, hanno pensato ai loro camerati, che in quel momento erano nella tana del nemico, per andare a caccia; in ogni momento potevano essere scoperti, ogni secondo poteva portare loro tormento, sofferenza e morte. Torna in mente quello che era successo quando era stato ritrovato il reparto esplorante sorpreso e catturato nel bosco dal nemico! Erano passate solo tre settimane. I quattro camerati erano stati ritrovati ammassati tra alcuni pini e rami di betulla, i loro corpi mostravano molte ferite profonde, inflitte loro con le baionette. Le orecchie ed i nasi erano stati amputati. Niente di degno o di nota si muoveva davanti al villaggio. Dunque i camerati o erano ancora troppo distanti per osservare il nemico o erano già entrati di soppiatto nel villaggio. L'ipotesi più probabile era la seconda. Arnold era arrivato felicemente con Körner nel giardino e da lì, avevano potuto proseguite in avanti ma sempre in copertura. Dalla calma che regnava, sembrava che la maggioranza dei bolscevichi fossero chiusi nelle case, mentre erano rimasti per strada i serventi dei cannoni. Nel centro del villaggio, nei pressi dell'incrocio dove la strada piegava a destra ed era intersecata da due strade laterali, era stato sistemato un solido curiosamente nero con le dimensioni di una grande cassa, totalmente mimetizzato. Quello poteva essere un *bunker*? Nessun dubbio! Ad un'occhiata più attenta, appena è stato spostato un lato della parete dello strano oggetto, si è visto che sul davanti spuntava una grossa canna di cannone. Apparentemente le persone gli erano sedute intorno. Questa era una scoperta certamente importante! Lungo la strada più angusta, erano parcheggiati dei carri e dei camion. Indubbiamente nel villaggio era presente una forza nemica abbastanza numerosa, dal momento che erano sul posto anche dei veicoli da trasporto. Il pesante passo di marcia delle guardie che sono passate lì vicino, ha risvegliato le menti dei due uomini delle SS, che strisciando silenziosamente, si erano avvicinati fin troppo al *bunker*.

Un cannone di fanteria (7.5 cm le.IG 18) apre il fuoco contro il nemico

Fante della *Polizei* all'assalto

Ne avevano visto abbastanza. Gli uomini che erano rimasti indietro furono contenti quando videro di nuovo i loro camerati riemergere finalmente dal buio. Tanto lentamente come l'avanzata, è stata portata a termine anche la ritirata, un po' più facilmente e più liberamente nei movimenti, ora che ci si lasciava tutto dietro e ci si avvicinava, vedendole, alle proprie linee del fronte. Il comandante della Compagnia, si è rallegrato per il risultato della ricognizione e si è messo in contatto subito con comandante in capo del Battaglione. Egli aveva ricevuto informazioni simili anche da altri reparti esploranti che avevano visionato le linee di combattimento davanti alle loro. I dati accumulati che sono stati trasmessi al comando, hanno permesso di modificare gli ordini da impartire alla Compagnia, relativi all'offensiva della mattina seguente. La batteria di artiglieria assegnata, ha ricevuto la comunicazione di concentrare il fuoco su obiettivi precisi. La notte prima dell'attacco contro l'avversario, passò con relativa calma, ma non ci si doveva aspettare la stessa cosa da parte del nemico; quindi sono state rinforzate le posizioni lungo la strada, dove c'erano gli uomini pronti per l'attacco, che si sarebbe dovuto scatenare nell'arco di poche ore. I soldati ora giustamente dormivano nell'attesa dello stesso.

Squadra mitraglieri SS con una *MG-34*

Inizia l'assalto

Uno strato di foschia languiva sul terreno quando al mattino l'artiglieria, ha iniziato a sparare. Quasi contemporaneamente i fanti si sono messi in fila preparandosi all'azione. L'attacco è scattato su tutto il fronte del settore nord. Fortunatamente l'artiglieria nemica, che ha risposto al fuoco tedesco, ha sparato sui fossati avanzati; anche la quinta Compagnia si è mossa contro il nemico, coperta dalla nebbia mattutina, seguendo la strada esplorata in precedenza, durante la notte, dal reparto esplorante. In testa alle truppe d'assalto, accanto al comandante della Compagnia c'era anche l'*SS-Unterscharführer* Arnold coi suoi uomini. Un Plotone della Compagnia si è insinuato tra il campo di patate per attaccare il villaggio sul lato sinistro; qui però, sulla strada principale, era prevista la resistenza principale del nemico. Il grosso cannone, che durante la notte aveva ricevuto riparo sulla strada, era stato spostato in avanti. Dato che i sovietici si erano resi conto della situazione critica, avevano fatto affluire anche i loro carri armati. Lo *Sturmmann* Körner, che avanzava al fianco di Fischer, in posizione avanzata nello schieramento, osserva il granaio, per vedere se oggi all'interno ed all'esterno si muove qualcosa! "*...Forse ci invitano a prendere qualcosa, come un bel pezzo di prosciutto con un bell'uovo*", dice Körner rivolto al suo camerata. L'accoglienza dei bolscevichi è stata però tutt'altra cosa. Dall'altra parte, sulla sinistra, dove il secondo Plotone si era già spinto un po' più in profondità, è iniziata una sparatoria selvaggia tra mitragliatrici e fucili. Ora è iniziata anche qui lungo la strada, ma si deve andare avanti. Abbiamo proseguito l'avanzata nonostante i proiettili fischiassero sopra le nostre teste; erano sicuramente proiettili di un pezzo anticarro.

Dato che i colpi arrivavano con continuità nella nostra direzione, il cannone doveva trovarsi nelle nostre immediate vicinanze. Sicuramente il granaio era un *bunker* mimetizzato. Con celerità viene trasmessa la notizia ai cannoni della fanteria, in maniera che alcuni colpi ben direzionati possano colpirlo. Anche il nostro *Pak* è stato puntato contro il granaio. Colpi su colpi hanno sibilato e raggiunto la postazione difensiva nemica, che in poco tempo è stata distrutta. Nel frattempo i fanti che combattevano sui fianchi a destra e a sinistra, sono entrati nel villaggio. Ma in realtà, non è andato tutto bene. Come dei diavoli, i bolscevichi hanno sparato lateralmente con mortai e mitragliatrici dalle loro case e da posizioni disposte all'esterno, tra i campi. I più pericolosi erano ancora una volta i mortai. Queste bombe arrivavano e scoppiavano quasi in silenzio senza avvertimento. In questo settore, per il suo fuoco di sbarramento, il nemico aveva trovato un riparo efficiente. La resistenza maggiore proveniva ancora dal *bunker*, anche se la costruzione era ormai avvolta dalle fiamme. Nonostante stesse bruciando, i sovietici continuavano a restare dentro e a sparare. Fortunatamente il fosso dove eravamo era abbastanza profondo e questo ha permesso ad alcuni uomini di strisciare e avvicinarsi il più possibile al *bunker*. Una volta raggiunto, gli uomini hanno sparato un razzo illuminante che è salito verso l'alto, dando così la posizione ai cannoni di fanteria ed ai *Pak*, che hanno risposto con precisione al fuoco nemico. Questo ha permesso agli uomini di avvicinarsi ancora di più al *bunker* e di lanciare delle granate a mano all'interno; il nido è stato così eliminato. La grossa esplosione ha ridato il via all'avanzata. Attraverso quel buco, due gruppi della

Fante sovietico nascosto dietro una casa

Soldato sovietico con mortaio

Quinta Compagnia sono penetrati con impeto all'interno del villaggio. Per raggiungere le prime case e sfondare la linea difensiva nemica, i nostri soldati si sono dovuti impegnare in alcuni scontri corpo a corpo. Arnold, che era lì con i suoi uomini e con il suo comandante di Plotone, è stato uno dei primi a raggiungere i muri delle case difese dal nemico. Durante l'avanzata, alcuni camerati erano rimasti a terra, lungo la strada. Posizionata velocemente una mitragliatrice all'angolo della casa, e potendo avere una visione migliore, è stato possibile sparare con precisione sulle posizioni del nemico! I camerati hanno potuto così aiutare gli uomini, che partiti dal campo di patate, sono potuti entrare nel paese dalla parte destra. Pur di bloccarci i sovietici hanno continuato a sparare come dei selvaggi. Per proseguire, abbiamo dovuto aspettare, finché altri due Plotoni della Compagnia si sono avvicinati di soppiatto dalla parte sinistra. Due cannoni anticarro sono stati trainati fin dentro il villaggio.

Davanti a noi, a circa ottocento metri di distanza, c'era ora il bunker di metallo identificato ieri nei pressi dell'incrocio: un colpo ben assestato lo avrebbe distrutto. Mentre gli uomini delle SS si assicuravano tutti i lati del villaggio, all'interno della prima casa c'è ancora qualcuno che ci spara contro. Strano! Dal nostro lato, nessun automezzo è di certo arrivato e il rumore di motore che si sente, è certamente di un veicolo pesante. Doveva essere per forza un carro armato nemico. Un cannone anticarro è stato portato dagli uomini lungo il fossato, per coprire l'avanzata e proteggere il raggruppamento di uomini che ora sono distesi a terra lungo il marciapiede e che sono bloccati davanti alla casa. Un altro è stato posizionato sul lato della strada, di fronte a due grossi alberi. Visto che non c'era molto tempo per la mimetizzazione, sono stati posati solo alcuni rami verdi sul pezzo, che facevano la loro bella figura. "...*Bum!*" ed il carro armato nemico ha sparato ancora. Il colpo ha sollevato molta polvere, ma il tiro è stato troppo lungo. I nostri serventi dei *Pak* si stanno affrettando a mettere in posizione le loro armi. Erano in campo aperto, sotto gli occhi del nemico, dato che la strada saliva verso il villaggio. Una posizione molto pericolosa. Orgogliosamente e consapevolmente il carro armato si è spinto in avanti: doveva pesare più o meno trenta tonnellate. Ora la bestia era all'incirca a trecento metri e veniva sempre più vicino.

Spostamento di un pezzo anticarro su una nuova posizione.

Pak da 37mm mimetizzato alla meglio con dell'erba

Mentre i nostri due *Pak* sembravano non interessarsi ad esso, per contro i suoi colpi sono stati terribilmente precisi sul nostro primo pezzo anticarro! Nel frattempo il carro si era avvicinato ad un gruppo di uomini delle SS che nonostante il fuoco nemico si erano a loro volta avvicinati alla seconda casa: hanno preparato due bombe a grappolo in tutta fretta per lanciarle tra i cingoli del mostro, quando questo fosse stato abbastanza vicino. Il gruppo di Arnold è restato nelle immediate vicinanze di quelli che dovevano lanciare le bombe contro il carro, comunque in copertura dietro alla casa. Un uomo l'aveva già mancato perché era caduto colpito da una grossa scheggia. Fischer era balzato in avanti per portare altre munizioni. Poi, improvvisamente si è udito un botto enorme! Un fracasso bestiale e vortici d'aria! Era stato colpito in pieno un nostro *Pak*! "...*Maledizione!*", ha gridato il comandante di Plotone, l'*SS-Ustuf.* Hertel che si era rimesso per primo dallo spavento. Poi, ha chiamato uno alla volta gli altri componenti del gruppo, per sincerarsi della loro condizione: tranne un forte spavento per fortuna erano tutti lì. "...*Preparate le bombe a mano! Da qui, non devono passare*", l'*SS-Untersturmführer* ha gridato ai suoi uomini. Subito dopo iniziò il mortale duello tra il carro armato nemico ed il nostro secondo cannone anticarro. Anche le mitragliatrici ed i fucili iniziano a colpire il carro sovietico. Nel frattempo i camerati dell'altro Plotone sono penetrati nel villaggio ed hanno iniziato ad avanzare. Il carro sovietico non sapendo da dove proveniva il fuoco, ha preferito non ingaggiare lo scontro con la fanteria. Così improvvisamente è ritornato indietro lungo la stessa strada dalla quale era venuto. Purtroppo i proiettili dei nostri coraggiosi tiratori non gli avevano arrecato alcun danno. Ma improvvisamente, un altra scarica di colpi ha fatto fermare il carro, che ha iniziato a fare alcuni movimenti rotatori, ci ha voltato il fianco sempre di più e si è fermato infine del tutto. Un ultimo colpo aveva fatto saltare un suo cingolo! Questo successo era stato pagato però abbastanza caro: si lamentava un numero molto alto di feriti. Anche per questo motivo, si è deciso di portare a termine i combattimenti che si svolgevano all'interno del villaggio, dove i sovietici stavano continuando a difendere strenuamente le ultime case.

Pezzo anticarro tedesco e carri nemici in lontananza

Un carro pesante sovietico *KV 1* distrutto tra i boschi (*Bundesarchiv*)

Appena i nostri uomini hanno fatto saltare la porta della prima casa, sette bolscevichi sono usciti con le braccia alzate, mentre dalla casa successiva provenivano ancora dei colpi. Alcune bombe a mano sono volate nella sua direzione: quando sono esplose, lanciando delle schegge, le fiamme sono divampate fino al tetto. Di soppiatto, il cannone anticarro che era dietro ai giardini è stato portato in avanti e messo in posizione per sparare contro il *bunker* di metallo posto nei pressi dell'incrocio stradale. Nel *bunker*, i sovietici erano occupati a controllare il lato opposto, dove gli altri reparti tedeschi si erano avvicinati maggiormente. A quel punto, il fuoco preciso dei *Panzerjäger*, l'ha potuto colpire di sorpresa. E' sicuro che all'inizio ci era sembrato invulnerabile: ha incassato colpo su colpo, finché il piccolo gruppo all'interno del *bunker* nemico ha smesso di sparare. Qualcosa doveva essere successo là dentro, dato che i colpi del *Pak*, non erano quelli di una mitragliatrice. Il cannone che era avanzato ancora, si è rimesso in posizione ed il cannoniere molto tranquillamente ha puntato l'arma contro la feritoia del *bunker* d'acciaio, pronto a far fuoco: "*....Possiamo lasciar perdere*", ha detto un *Panzerjäger*. Senza l'appoggio delle armi pesanti, il villaggio nemico non sarebbe caduto velocemente nelle nostre mani: qua e là colpi isolati hanno causato ancora dei caduti, ma anche questo, è finito presto. I prigionieri sono stati raccolti in strada.

Erano complessivamente centoventi. Molti si erano ritirati e nascondendosi nel piccolo bosco adiacente al villaggio ed hanno opposto una forte resistenza, conclusa solo con la loro morte. Il comandante di Compagnia, l'*SS-Ustuf*. Hertel, l'*SS-Uscha*. Arnold ed altri uomini si sono ritrovati intorno al *bunker* di acciaio ormai silenzioso. Il *bunker* non era molto grande ma sembrava non esserci nessuna apertura. "*....Deve esserci un modo per entrare qui dentro*", ha detto il comandante della Compagnia. "*....I sovietici sono certamente ancora dentro! Non possiamo lasciare stare la cosa così. Devono venir fuori!*". Però come? Proviamo colpendolo: prima con i pugni, poi con i calci dei fucili,

Un carro *T-26* ed un *KV-1* sovietici distrutti

poi con delle grosse pietre da una parte e dall'altra, poi provandolo a smuovere. Niente, non si muove niente. "*....Dovranno morire lì dentro*", ha detto l'*Hauptsturmführer* ed è andato via con i suoi uomini. Subito dopo ha rimandato sul posto tre uomini che avrebbero dovuto osservare esattamente ogni movimento e prendere in consegna chiunque fosse uscito dal *bunker*. Körner, nel frattempo, era rimasto indietro per aiutare Fischer, rimasto ferito quando il nostro cannone anticarro era stato colpito in pieno dal carro armato, impegnato a passare le munizioni ai serventi. Le sue ferite erano fortunatamente lievi, poiché era stato colpito lateralmente, contrariamente agli altri cameratri. "*...Vedrai che domani sarò nuovamente con voi. Per una ferita così leggera al braccio, io non rimarrò indietro, tanto più che ora puntiamo su Leningrado*", disse Fischer. "*...Ora si vedrà*", gli rispose Körner. Nel frattempo la Compagnia si era posizionata su un ampio fronte all'interno del bosco. Il boschetto non era molto profondo. Si poteva già intravedere la luce del cielo, provenire dalla sua estremità, attraverso i tronchi degli alberi. I proiettili della nostra artiglieria, che passavano sopra le nostre teste soffiando, hanno attirato l'attenzione degli uomini. La loro meta si trovava qualche chilometro più avanti. Era probabile che il loro obiettivo fosse l'aeroporto e le sue varie infrastrutture in muratura. Sulla grossa carta topografica, abbiamo visto dove i proiettili sarebbero andati a colpire. Una volta fuori dal bosco, abbiamo potuto osservare dall'alto la grandezza del villaggio. Questo, era l'ultimo grande avamposto prima di Leningrado e prima di cedere completamente, avrebbe sicuramente opposto una estenuante resistenza.

Soldato sovietico catturato (BA)

Pionieri della *Polizei* impegnati a scavare posizioni difensive

In vista di Leningrado

Un colpo di fucile è sibilato alle nostre spalle. Fulmineamente gli uomini si sono riparati dietro agli alberi. Da dove proveniva? Molto probabilmente proveniva dall'interno di una casa. I franchi tiratori devono essere ancora da qualche parte in agguato! Tutti si sono messi ad origliare, ma non si è udito alcun rumore. Di certo, non era nelle vicinanze. Poteva essere uno di quelli che erano all'interno del misterioso e silenzioso *bunker* di acciaio. Giunse in quel momento un portaordini: "*...Dov'é il comandante della Compagnia?*", "*...E' là, nei pressi della radura*". Il portaordini si è affrettato con passi rapidi nella direzione indicata. "*....Li abbiamo catturati!*", riferì. "*...Chi?*", chiese il comandante. "*...Il personale del bunker*", rispose. "*...Catturati? Morti?, come si sono svolti i fatti?*", chiese ancora il comandante. Allora il portaordini descrisse i fatti: "*...Per parecchio tempo non si è mosso niente. Anche noi però non ci siamo mossi e siamo rimasti nel silenzio più assoluto. Apparentemente hanno pensato che l'area fosse sgombra e noi ci fossimo fatti imbrogliare con il loro silenzio. Molto lentamente, un lato del muro si è aperto centimetro dopo centimetro versi il lato esterno, facendo venire alla luce prima un paio di dita, poi una mano, una testa e ancora una mano con una pistola. Quando improvvisamente i bolscevichi ci hanno visto, hanno aperto il fuoco, al quale abbiamo risposto. Non hanno avuto la possibilità di rientrare. Invece di arrendersi, hanno preferito sparare intorno a loro. Il camerata Wachter è stato colpito alla gamba. Solo lui è rimasto ferito ed è già stato portato via. Altri due bolscevichi morti sono stati trovati all'interno del bunker. Apparentemente durante l'attacco, una raffica di una nostra mitragliatrice, è penetrata direttamente dalla feritoia*". "*...E cosa mi dite della cassa?*" Chiede il comandante della Compagnia. "*...Nessun miracolo; niente poteva attraversarla! Le pareti di acciaio avevano uno spessore che andava da un minimo di otto fino a nove centimetri. Come possono aver portato una tale fortezza là in mezzo alla strada non si sa. Anche da qui, si può osservare abbastanza bene l'interno*". Probabilmente era stato costruito sul posto. Nessun pericolo ora può più minacciarci alle spalle. Non restava però altro tempo per proseguire l'attacco nel tentativo di sfondare le linee nemiche che si trovano davanti a noi. Sembra che i sovietici si siano ritirati più all'interno, perché sul margine anteriore del bosco, sono caduti dei colpi della loro artiglieria.

Soldati sovietici con una mitragliatrice pesante

Postazione difensiva SS

"...*Non vogliono farci uscire dal bosco*", dice Arnold. "...*Cosa dobbiamo fare?*" "...*Vi ordino di aspettare*", risponde il comandante del Plotone. Il comandante di Battaglione, aveva ricevuto i rapporti sull'andamento del combattimento svoltosi nel corso della giornata, da parte di tutte le Compagnie e da questi risultava essere stato molto impegnativo. La ricognizione aerea aveva avuto modo di individuare molte posizioni fortificate di artiglieria nemica. Per questo motivo, il comandante del Reggimento ha rinunciato per oggi a portare avanti un altro attacco con le sole forze di fanteria. Le posizioni nemiche dell'artiglieria situate alla periferia della città, hanno bloccato ancora per una mezza giornata l'attacco che dovrà essere rimandato a domani Dunque, oggi dobbiamo prepararci un riparo. La posizione deve essere tenuta! Riprenderemo domani. "...*Domani si ripartirà*", ha detto Arnold ai suoi uomini. "...*E pensare che oggi eravamo euforici durante la battaglia. Ora dobbiamo prestare attenzione che il nemico non ci getti nessun regalo qui davanti agli alberi*". "...*Questo potrebbe capitare anche molto presto e ci obbligherebbe a ritirarci*", ha detto il comandante della Compagnia. "...*Qui, in Russia, i sovietici, non appena hanno la possibilità di muoversi, contrattaccano. Questo è quello che determina una simile guerra!*". La maggior parte degli uomini si è preparata una trincea all'interno del bosco per potersi riposare. Sono state allestite solo alcune postazioni rinforzate avanzate, subito fuori dal margine del bosco. Chiamarlo margine boscoso era in realtà anche troppo. Il terreno libero era solo sulla destra, a sinistra il bosco si estendeva all'interno di un parco, che sicuramente portava ad un palazzo signorile della città. Di nuovo siamo in mezzo a delle belle querce grosse e robuste; un rivolo abbastanza largo, serpeggia con molte spire attraverso di loro. Sulla destra il terreno è in salita e qualcosa è rotolato verso il basso in direzione della città lontana, chissà se riuscirà ad arrivare fin là. Dall'altura, abbiamo una bella visuale su tutta l'ampiezza della città e verso nord. E' ormai un tardo ma limpido pomeriggio, quando l'*SS-Ustuf.* Hertel è andato con l'*SS-Unterscharführer* Arnold verso la cima della collinetta. Cosa era quella là in lontananza? Lontano dietro all'orizzonte, potevano essere riconosciuti i contorni di una città gigantesca che riluceva. Quella doveva essere Leningrado. Leningrado! Prima Petrograd e precedentemente, la fortezza di San Pietroburgo! Dunque eravamo arrivati molto vicino al nemico e si poteva vedere già il suo cuore di pietra! Una gioia irrefrenabile ci ha assalito! Eravamo ormai vicino! Eravamo i primi che la potevano osservare. Per lungo tempo sono rimasti lassù in contemplazione. Poi sono scesi dai loro uomini ed hanno raccontato quello che avevano visto. L'entusiasmo ha pervaso tutti i presenti. Lo *Sturmmann* Körner, ha detto che molto presto la Russia sarebbe stata conquistata fino al Mar Baltico. Lo Zar Pietro il Grande, fu il primo a conquistare questi territori e ad annetterli allo stato, poi bonificata la palude, fece costruire la città sulle rive del fiume. "...*Chissà cosa potrebbero pensare a casa se sapessero che ora sono qui, davanti a Leningrado*", ha detto un soldato. Erano in molti però a pensare la stessa cosa. Anche oggi, la cena è stata gustata con piacere. A causa dell'intenso fuoco dell'artiglieria nemica, gli uomini delle SS si sono mantenuti al riparo. Si era alle solite. Eravamo sicuri, che anche quella notte sarebbe stata molto tormentata.

Ufficiali della *Polizei* sul fronte di Leningrado

Osservatore di artiglieria in una trincea della *Polizei-Division* sul fronte di Leningrado.

Le posizioni sono state rinforzate, mentre i colpi dell'artiglieria che colpiscono la zona qui davanti, oggi non sono più sporadici di quelli delle notti precedenti. Subito dopo mezzanotte, tutti sono stati svegliati in maniera brusca. I sovietici hanno compiuto un attacco notturno. Erano avanzati lentamente costeggiando i cespugli lungo il perimetro del boschetto. Avevano portato l'assalto dall'altra parte sulla sinistra, dove si estendeva il bosco di abeti rossi e di pini. I camerati sulle posizioni più avanzate avevano notato correttamente e a tempo debito il nemico molto ben mimetizzato: l'attacco in forze e ad ondate successive, aveva permesso loro di avvicinarsi abbastanza per poter lanciare delle bombe a mano. Le esplosioni cupe delle granate è risuonato tutto intorno mentre gli uomini sugli avamposti si sono già preparati al combattimento con la baionetta innestata. Le mitragliatrici hanno falciato i bolscevichi che avanzavano in massa, urlando. Le loro grida potevano essere udite nonostante il frastuono dei colpi delle armi. Anche da parte nostra, alcuni camerati, che avevano dato l'allarme e che si erano opposti come ultimo baluardo davanti all'attacco della furia nemica, ora giacevano immobili a terra o sono stati portati al posto di medicazione nelle retrovie. Quando il frastuono del combattimento notturno è scemato, anche gli stanchi soldati hanno potuto distendersi di nuovo per riposarsi, anche se solo per poche ore. Ora conoscevano di sicuro il tipo di combattimento che avremmo dovuto affrontare il giorno dopo. Non era una sorpresa per gli uomini delle SS che si accendono un fuocherello. Ogni mattina, all'alba, vengono salutati dal fuoco dell'artiglieria nemica e la stessa cosa avviene poi con estrema normalità anche la sera. Con una calma di ferro ognuno si prepara la propria colazione, la mangia con calma, si beve il caffè e fuma la sua sigaretta. "*...Avvenga quello che deve avvenire, ma che avvenga in fretta. Perché devi agitarti?*" Questo, era il motto di questi vecchi soldati. Vecchi? Che significato ha in realtà l'età? Qui, contano solo i combattimenti che si sono portati a termine, le ricognizioni in territorio nemico, gli assalti. Altrimenti il diciannovenne assomiglia al trentenne. "*...Bene, ora tu ritieni che oggi si possa fare qualcosa?*" ha detto l'*SS-Unterscharführer* Arnold rivolto a Körner. E poi ha esclamato con sorpresa: "*...Fischer, perché sei voluto tornare di nuovo qui? Io ti immaginavo già con la tua ferita in Patria, in Germania.*

Soldati sovietici all'attacco delle posizioni tedesche

Postazione difensiva tedesca sul fronte di Leningrado

Ufficiale della *Polizei-Division* ordina l'attacco

Perché ti hanno mollato, non ci hai riflettuto sopra?". "*...Si! Quando sono arrivato dal medico nell'infermeria del reparto, l'ho pregato di lasciarmi tornare anche se ferito, ancora almeno per oggi fino all'arrivo alla città. Lui me l'ha permesso anche se la ferita non era lieve. Questo braccio non era di certo messo così male*". "*...Sei un bel tipo*", ha detto Arnold battendogli una mano sulla spalla. "*...Ora vedi di non piantarci in asso*". L'attacco era previsto per la mattina verso le nove. L'orario è passato e mentre aspettavamo, qualcuno ha iniziato ad insospettirsi. Si attendeva l'attacco della nostra aviazione: in autunno, all'alba, c'era però troppa nebbia e gli aviatori hanno potuto prendere il volo solo quando la visibilità è migliorata. Sono poi andati a lanciare le proprie bombe sull'obiettivo. Così è avvenuto anche oggi. Dopo il sibilo, si è udito il ronzio dei grandi uccelli che si levavano nell'aria. In continuazione uno dopo l'altro si lanciano in picchiata. Gli aviatori che compiono l'attacco al suolo, si lanciano con il loro aereo in caduta verticale gettando nel terrore l'avversario con il loro sibilo agghiacciante. E' facile rallegrarsi vedendo questi aeroplani pesanti che si gettano in picchiata per poi librarsi con agevolezza nell'aria; ma è sicuramente doloroso, per chi riceve il loro carico di bombe sulla testa!

Abbiamo visto sollevarsi in aria, masse informi che sono poi ricadute a terra, mentre grosse nuvole nere salivano verso il cielo. "*...Noi potremmo approfittarne*", ha detto il comandante della Compagnia ai suoi uomini in merito all'azione in atto. E poi era sufficiente, bastava così. L'attacco ha quindi avuto inizio: le prime deboli posizioni dei bolscevichi sono state subito sopraffatte. In poco tempo siamo arrivati nel luminoso e bel querceto del parco. Da quel momento, da tutti i lati hanno iniziato a sibilarci contro i proiettili nemici. Poi li abbiamo visti: il nemico aveva creato robuste postazioni fisse scavate nel suolo del bosco. Quei corsi d'acqua molto profondi avevano le rive completamente ostruite dal filo spinato. Bene, voleva dire che i tronchi degli alberi erano robusti e ci avrebbero dato comunque ancora un po' di protezione. Con i proiettili che continuavano a ronzare in tutte le direzioni, il nostro primo attacco ha fruttato ben poco terreno. Si è dovuto quindi riunire il reparto d'assalto con quello dei pionieri: grazie al lancio di razzi fumogeni, è stato possibile sopraffare le forti postazioni difensive degli avversari. E così è stato fatto. Dopo che un discreto numero di grossi *bunker* è stato distrutto, dopo duri combattimenti ravvicinati, la fanteria ha potuto procedere su un ampio fronte attraverso il parco. Apparentemente sembrava che il nemico avesse perso tutti i propri collegamenti. Nel corso di questi combattimenti, si è verificato il seguente episodio: il comandante di Battaglione, da dietro alle proprie linee, si era spinto in avanti con gli uomini della squadra trasmissioni e con alcuni dei suoi portaordini su una delle strade principali. Tutto ad un tratto hanno potuto udire un crepitio di armi; si sono fermati e si sono messi ad ascoltare. Questo era impossibile, se fosse stato un carro armato, non poteva essere sovietico! Il carro si spostava molto lentamente e minaccioso lungo la strada, dirigendo pericolosamente la canna del suo cannone nella loro direzione. Uno, due, tre, tutti giù nel fosso. I veicoli procedendo lentamente, si sono nascosti là nella boscaglia, dove alcuni cespugli potevano garantire loro una protezione appena sufficiente. Il carro armato non li ha scoperti, ma è passato sferragliando molto vicino.

"*...I nostri ragazzi non hanno bombe a mano a sufficienza da pensare di incastrarle tra le ruote di quella bestia..*", ha detto lo Sturmbannführer. "*...Restate tutti immobili*". Se fossero stati scoperti, probabilmente non avrebbero avuto l'opportunità di raccontarlo. Gli otto uomini del reparto trasmissioni sono restati incollati al terreno nei pressi del margine del fossato. Il mostro di acciaio si avvicinava sempre di più. Come potevano fermarlo? Nessuno lo sapeva, ognuno ha solo sperato di non essere scoperto. Il grosso mostro di acciaio era solo a pochi metri; tutti hanno visto, come i rulli dei cingoli rotolavano e come la torre blindata girava prima a destra poi a sinistra, centimetro dopo centimetro. Questi sono stati secondi pieni di paura ed il sangue nelle vene si era ghiacciato. Ora era vicino, ora ci è passato davanti. Dove voleva andare? Il crepitio del fuoco di fucileria doveva essere più avanti? Perché non si sentiva? Sarebbe così bello poter ora saltare fuori! Dannazione, perché non avevamo abbastanza bombe a mano con noi?. A quest'ora sarebbe già stato distrutto. Che cosa avremmo dovuto fare ora? In questa posizione pericolosa dovevamo rimanere immobili! Il carro armato avrebbe avuto bisogno solo di avvicinarsi al lato del fossato e sparare un paio di raffiche di mitragliatrice dalla torretta e tutto sarebbe finito lì. "*...Rimanete appiattiti al terreno!*", ha nuovamente ordinato il comandante di Battaglione. Non si è potuto certamente sapere, se il carro armato, è rimasto sorpreso da questa strana calma in questo settore ed ha proseguito per tenere sotto controllo il rumore dei combattimenti. Gli uomini sdraiati nelle sue vicinanze, con i volti fuggenti lo osservavano con il timore, di essere scoperti. Il carro ha proseguito lungo la strada per circa altri trenta metri, poi si è fermato, ha ascoltato i rumori all'esterno ed è tornato nuovamente sui suoi passi, sempre con la stessa calma. Ancora una volta la stessa tensione. Ci avrebbe scoperto? Nessuno ha osato parlare in quel frangente. Questa, sarebbe stata la fine! Come prima, gli uomini sono rimasti incollati al suolo. Era possibile solo pensare. È passato davanti a noi come prima, ma nella direzione opposta. "*...Quel maiale alla fine verrà colpito*", ha detto un soldato, riguardo al pericoloso nemico, appena si era allontanato. La situazione negli altri punti del campo di battaglia, appariva migliore. Alla fine della mattinata l'aeroporto con le sue infrastrutture era già stato conquistato ed i fanti tedeschi erano riusciti a portarsi ancora più avanti. Verso mezzogiorno un carro armato medio del nemico, è riuscito ad entrare all'interno dell'area dell'aeroporto, ma quando ha tentato di tornare indietro, nella confusione del momento è andato a sbattere contro uno dei camion sovietici che erano abbandonati sul posto e si è bloccato. Proprio sulla stessa direttrice, c'era un nostro carro armato che si era appena appostato in posizione difensiva, che ha costretto il nemico alla resa. Lo sfacciato intruso è stato colpito dal fuoco di varie armi provenienti da più direzioni. Prima che quello potesse reagire, aveva incassato anche un pesante colpo in pieno. Lentamente una botola si è aperta ed un bolscevico è sceso: quando si è accorto di essere circondato dai soldati tedeschi, si è messo a sparare selvaggiamente intorno a sé. E' sempre sorprendente, vedere come questi ragazzi si comportano! Quello che stava facendo quel carrista non aveva certamente senso ed i camerati hanno potuto comprendere solo in quel momento il vero valore della vita!

Soldati SS al riparo di un fossato lungo la strada

Lancio di una granata a mano

Soldati e *Pak* sotto attacco nemico

Ancora in avanti

Solo nel tardo pomeriggio, gli uomini delle SS hanno raggiunto la periferia sud-ovest della città, nel settore meridionale, mentre l'altro Battaglione della Divisione si era avvicinato da est; i camerati della *Wehrmacht* avevano conquistato anche loro l'obiettivo assegnato. In continuazione l'artiglieria nemica ha colpito le vie di comunicazione tedesche poste in retroguardia e talvolta ha sparato su singoli obiettivi con enorme intensità. Il fuoco dei mortai è stato molto intenso soprattutto nella periferia della città, là dove i bolscevichi supponevano che i tedeschi esercitassero lo sforzo maggiore. Ancora una volta, i carri armati ed i *Panzerjäger*, percorrendo la strada, sono stati i primi che insieme alle punte avanzate della fanteria, sono penetrati all'interno della città. "...*Portate con voi tutte le bombe a mano che potete*", ha ordinato ai suoi uomini il comandante di Plotone, l'*SS-Untersturmführer* Hertel. Il gruppo di Arnold ci aveva già pensato. Avevano già preso tutti quegli accorgimenti e tutto il necessario che avrebbe potuto salvare facilmente la vita ad ognuno di loro. Le granate a mano erano state inserite negli stivali e nei cinturoni. Quando l'attacco è scattato, era già tardi. Il fuoco dell'artiglieria nemica era diminuito, probabilmente perché non si aspettavano per oggi un altro attacco da parte delle forze tedesche. L'*SS-Unterscharführer* Arnold ha proceduto con i suoi uomini lungo uno stretto sentiero. Le prime case che hanno incontrato sono quelle che erano state colpite e ridotte in rovine il giorno precedente dalla nostra artiglieria e sono state perquisite minuziosamente, con le baionette innestate pronte all'uso. All'interno delle rovine, non c'era più nessuna presenza umana. Una volta proseguito, si sono fermati ai margini di una strada, che scendeva piegando verso sinistra. Sulle altre strade laterali, il fronte si era fermato a lungo e c'erano edifici i cui grossi muri diroccati dimostravano la violenza dei bombardamenti. Il giardino davanti alla casa, anche se era poco esteso, era pieno di densi e alti arbusti, che nascondevano la vista del pianterreno. Qualcosa di grande di colore verde si è mosso improvvisamente dietro di lui. Accidenti! Quello è un carro armato. Un nostro *Pak*, era appena stato spostato dal margine sinistro della strada, ed era stato portato all'interno del parco; speriamo che quei giovani abbiano prestato attenzione! Lentamente il carro armato si è mosso sul suolo argilloso senza fare un gran rumore, anche perché il rumore del motore si mescolava a quello dei combattimenti in corso. Il carro nemico si è portato in avanti, poi ha girato improvvisamente verso la strada e si è portato sulla massicciata, puntando il suo cannone nella direzione dove si trovava il nostro *Pak*, sparando alcuni colpi. La reazione dei nostri artiglieri è stata veloce. Il carro si è ritirato subito ed è sparito di nuovo con un movimento rotatorio che l'ha portato a mimetizzarsi perfettamente nel giardino davanti alla casa. "...*Preparate le cariche!*" ha detto Arnold ai suoi uomini. "...*Quando torna fuori di nuovo, gli gettiamo le cariche tra i cingoli*". Tutti si sono comportati tranquillamente, ma era spaventoso dover aspettare. Davanti a loro e sulla sinistra, si sentivano i colpi dei fucili, segno che c'era già qualcuno più avanti. Alcune case, nelle quali erano state lanciate le granate a mano, avevano preso fuoco e ne stavano uscendo dei bolscevichi con le mani alzate. Ora anche il mostro corazzato verde si è spinto molto prudentemente dal suo nascondiglio sempre puntando il cannone nella direzione del *Pak* ed ha sparato alcuni colpi in successione. In quel preciso istante sono arrivati a segno, esplodendo tra le maglie dei cingoli, anche i nostri grappoli di granate.

Un botto terribile, seguito da un fumo denso e nero che ha invaso la strada. Il gigante ha tentato probabilmente ancora di rientrare al riparo nella macchia, ma le catene hanno ceduto ed è rimasto fermo ed immobile. Abbiamo visto due uomini scendere dal carro tenendo un pezzo di straccio bianco in mano. L'*SS-Unterscharführer* Arnold e lo *Sturmmann* Körner si sono avvicinati prudentemente ai due bolscevichi. Non avevano nessuna voglia di continuare a combattere; avevano lasciato le loro armi all'interno nel carro armato, insieme ad un terzo uomo che era rimasto ferito in maniera seria. Si sono messi in fila agli altri prigionieri che camminavano lungo la strada. I *Panzerjäger* erano contenti e sorridenti quando hanno dovuto assegnare questo bel successo ai fanti. Subito dopo, si sono rimessi tutti insieme in marcia. Gli artiglieri hanno spinto il loro cannone in prossimità di un altro incrocio stradale, mentre i fanti si sono mossi tra le rovine delle case. Si spostavano lungo i bordi della strada dandosi alternativamente la copertura necessaria. Parecchi bolscevichi nascosti ancora nelle case e sui tetti, sono stati fatti uscire con le mani alzate. La resistenza nemica non è stata particolarmente forte. I tedeschi erano arrivati con ogni probabilità inaspettati. Un Plotone della quinta Compagnia era penetrato nella città e si era spinto fino al suo margine settentrionale. Nella sua avanzata aveva catturato una squadra di mitraglieri sovietici che erano stati trovati tranquilli all'interno delle loro postazioni, calmi e rilassati a fumare le loro sigarette, accanto alle proprie armi. Sono rimasti sorpresi nel vederli arrivare. Questo plotone, presto riunito con un più grande reparto di uomini delle SS, è avanzato e si è messo a perlustrare l'area periferica della città aspettando di poter dare il colpo finale ai sovietici. Nel frattempo, sono continuati i rastrellamenti all'interno della città. Qualche bolscevico quando viene scoperto, si fa strada finché o non è sopraffatto o è catturato. Dalle cantine delle case, sono usciti sia parecchi civili di età avanzata che uomini in abiti civili che si erano nascosti per non essere arruolati. Un civile ha avvisato che in uno scantinato ce ne erano ancora molti. Siamo entrati con molta circospezione. Una misura precauzionale ben fondata, dato che i tipi, che si trovavano accanto alle donne e ai bambini, nascosti negli spazi angusti e bui e solo difficilmente accessibili, avevano delle facce poco raccomandabili. E' stato facile individuare i soldati sovietici vestiti con abiti civili, partigiani, delinquenti e saccheggiatori! La quinta Compagnia ha iniziato ad uscire dalla parte settentrionale della città, là dove più avanti iniziava la strada principale che portava direttamente a Leningrado. Molto volentieri gli uomini hanno accettato di riprendere subito la marcia, con l'ordine di non preoccuparsi troppo delle deboli retroguardie del nemico. Le forze tedesche non erano però troppo forti e numerose sulla prima linea e dei settori della città, erano ancora in mano al nemico: solo su alcune strade era possibile vedere dei reparti ciclisti o dei nostri veicoli in numero abbastanza rilevante. Erano gli uomini del reparto staffette e delle squadre delle trasmissioni, che cercavano e riparavano in continuazione e velocemente le linee di collegamento. Non appena le strade fossero state fuori dalla portata del fuoco dell'artiglieria nemica, si sarebbero messi in moto anche i veicoli di trasporto delle munizioni e del vitto. Il gruppo di Arnold, aveva superato bene l'attacco condotto in città e nessuno degli uomini era mancato all'appello. Poi è giunto l'ordine della Compagnia di partecipare alla difesa del perimetro difensivo del settore. Il nostro compito era di controllare l'esistenza della vecchia linea ferroviaria che una volta transitava su un'importante diga del posto. Ora non esistevano più neanche le tracce dei binari. Un po' più avanti sulla destra della diga era presente una curva molto stretta, che piegava verso sinistra. Qui nella zona del gruppo Arnold, sul lato destro della diga, era tutto tranquillo e i difensori tedeschi si preararono ad accamparsi. Sul lato sinistro della diga, il terreno antistante non era ancora completamente ripulito dal nemico. I robusti *bunker* di legno, in cui gli uomini delle SS si sono rifugiati, erano quelli che erano stati abbandonati dai sovietici durante la loro ritirata. Sicuramente una volta dovevano essere molto accoglienti, prima che fossero colpiti dai proiettili dell'artiglieria. Venti metri più avanti della diga, c'erano ancora alcune povere e piccole case di legno quasi completamente distrutte; si poteva vedevano ancora le ultime fiamme lambire i resti delle case.

Reparti SS impegnati in un rastrellamento

Assalto con le granate a mano

Soldati sovietici appostati su una posizione a sud di Leningrado

Una gradita scoperta

Le poche case che erano restate in piedi, sono state perquisite dagli uomini delle SS, compresi Körner e Fischer. Ma quale sorpresa, quando hanno aperto la porta al terzo piano di un edificio! Una donna quando li ha visti e riconosciuti li ha salutati con "*...grazie Dio!*" In questa località una parola tedesca? Ma non uscì una parola di risposta! "*...Sì, venite pure dentro*", la donna ha continuato, "*...io sono una tedesca. Ancora oggi pomeriggio, tre soldati sovietici erano seduti al mio tavolo e riflettevano se non avessero fatto meglio a restare qui e a consegnarsi; probabilmente era il loro intento, perché erano certi che nel giro di pochi giorni si sarebbero ritrovati freddi e stecchiti sul terreno. Ma poi se ne sono andati e questo mi ha dato la conferma che sareste arrivati*". Un soldato allora gli replicò: "*...perché lei non ha avuto alcuna paura di stare qui? E anche adesso non ha nessuna paura? I sovietici colpiranno sicuramente ancora la zona con i pezzi pesanti...*". "*...Se volete, potete anche restare qui. Ma non ho comunque più niente*", rispose la donna. "*...Non so dove poter andare ed in secondo luogo i sovietici mi hanno portato via tutto quello che avevo qui. Non ci si può spostare in nessun posto. Tutti sono poveri, nessuno qui sa dove poter andare a prendere ancora qualsiasi cosa*".

Vista di Leningrado da una postazione dell'artiglieria tedesca a sud della città

Questa era certo un'esperienza strana ma reale, qui in pieno territorio nemico c'era una donna tedesca, che dopo così lungo tempo, si dimostrava ancora una volta una donna tedesca! E quando sono entrati nella camera del salone, hanno potuto verificare che regnava ovunque un ordine stile tedesco. Qui un sofà, nella sua parte superiore c'erano dei quadri di famiglia, a destra vicino alla finestra una macchina da cucire e qui e là, delle belle piantine floreali che ornavano i davanzali delle finestre. Vicino al tavolo, c'è una bella poltrona con alcune sedie. Gli uomini delle SS si sono stupiti ed hanno osservato tutti gli oggetti presenti, con gli occhi lucidi. Uno si è seduto sul sofà vicino all'angolo della finestra. "...*Gradiva starsene sempre là seduto anche mio figlio*", ha detto la donna. "...*È qui?*" gli chiede Fischer. "...*No, l'hanno portato via*". "...*Questi, devono ancora raccontarcela tutta, ritorneremo presto. Ora dobbiamo badare solo ai nostri camerati*". "...*Beh, come mai così allegri? Avete requisito di nuovo qualcosa?*", ha domandato l'*SS-Unterscharführer* Arnold quando gli uomini sono tornati. "...*No, ma oggi, abbiamo fatto una scoperta prodigiosa; abbiamo trovato una madre tedesca qui!*", questa è stata la risposta. E poi gli uomini hanno raccontato al loro comandante di gruppo la loro esperienza, che in breve tempo era sulla bocca di tutti. Nei giorni successivi, la donna ha ricevuto numerose visite. Ognuno l'ha voluta vedere perlomeno una volta e tutti si sono sentiti bene presso di lei, come se in quella piccola casetta sperduta là in mezzo alle altre e sotto il fuoco dell'artiglieria, loro fossero di nuovo a casa propria. Anche il comandante della Compagnia ha saputo che là, abitava una donna tedesca. Domani, il camerata Fischer festeggerà il suo diciannovesimo compleanno ed ha richiesto di poter fare una festa in questa casa, sempre che il nemico ci lasci il tempo. Ma nessuno poteva sapere se sarebbe stato possibile. Il primo giorno dopo la conquista della città, regnava una strana calma: probabilmente i nemici si dovevano ancora riprendere dalla sorpresa.

Già al secondo giorno, gli uomini delle SS con alcuni reparti esploranti, avevano iniziato a sondare il terreno antistante le linee. Davanti alla diga, si distendeva un terreno accidentato. Un chilometro più avanti c'erano le strade di un villaggio che era presidiato da molte forze. Si è dovuto attaccare contemporaneamente la posizione su entrambi i fianchi, mentre il resto delle nostre truppe proseguiva l'avanzata, spostato sul fianco sinistro. Il fuoco di sbarramento dell'artiglieria, che il nemico aveva iniziato a sparare dalla seconda sera, era terrificante.

Un pezzo di artiglieria della *Polizei-Division* impegnato nell'area di Leningrado.

Pattuglia esploratrice della *Polizei-Division* (DR)

I pezzi che sparavano erano di sicuro molti e tra questi c'erano anche i cannoni di grosso calibro delle navi che si trovavano all'ancora nell'insenatura finlandese. Di seguito a questo fuoco, il nemico ha usato anche i mortai pesanti. Particolarmente critica era la situazione delle colonne dei rifornimenti, viveri e munizioni, che dovevano attraversare un territorio sotto il costante fuoco nemico. I fanti, sempre che non fossero in posizione, erano al coperto all'interno dei *bunker* ben protetti. Anche la nostra artiglieria non è restata con le mani nelle mani e ha risposto al fuoco nemico. Da un'alta torre della città, su cui era stato installato un posto di osservazione, era possibile avere una buona e ampia visuale delle posizioni nemiche. Dalla postazione, sono stati avvistati gli alloggi dei sovietici, le loro colonne di camion per i rifornimenti, i depositi ferroviari ed altri buoni obiettivi che sono stati colpiti subito dal fuoco della nostra artiglieria. In queste giornate limpide di autunno, durante le mattine e spesso anche durante il pomeriggio, si sono svolti violenti combattimenti aerei nelle zone di Leningrado o Kronstadt. Il numero degli abbattimenti era notevole. Talvolta trenta, quaranta o anche cinquanta, erano gli aerei abbattuti e confermati dagli osservatori della fanteria. La festa di compleanno di Fischer si sarebbe dovuta svolgere il mercoledì. Il martedì sera, il fuoco dell'artiglieria avversaria era così forte che il comandante di Compagnia, che era casualmente nelle vicinanze, ha ordinato di andare a prendere la donna dalla sua casetta e di portarla nel *bunker*. Troppo pericolosi erano i colpi che cadevano presso la debole casetta di legno. Solo malvolentieri ha ceduto alla ressa dei giovani uomini che ora aveva la possibilità di conoscerla più da vicino. Nel breve tragitto che separava la casa dal *bunker*, sulla diga la donna ha potuto vedere le postazioni delle mitragliatrici. Guardando questi giovani ragazzi, si è resa conto che anche loro avrebbero potuto restare laggiù. Nel tragitto aveva potuto vedere un bolscevico ferito in maniera grave ed un morto. "*...Oh, quelli non ce l'hanno fatta*", le aveva risposto uno. Lei aveva capito. Poi entrarono nel nostro *bunker*, molto spazioso, in cui erano seduti il comandante di Compagnia, l'*SS-Unterscharführer* Arnold e sei dei suoi uomini. I bolscevichi erano stati bravi, avevano scavato e rinforzato questo *bunker* rendendolo solido, per un eventuale soggiorno prolungato. Uno ha chiesto alla donna se avesse visto i sovietici costruire il *bunker* vicino alla diga. "*...Sì, certo. Per la sua costruzione hanno partecipato anche le donne; la maggior parte di loro hanno dovuto scavare i profondi fossati anticarro*". Anche sua figlia è stata prelevata per questo lavoro nel mese di agosto, senza che lei avesse potuto più sentirla o vederla. Ora una donna è venuta finalmente da lei a riferirle sul suo destino. È seduta su una panca di legno e appoggia i gomiti sulle ginocchia mettendo in evidenza le mani callose. Calma e rassegnata ha guardato gli occhi di quei giovani con il volto coperto di rughe.

Il *Reichsführer SS* Himmler, durante una visita sul fronte dell'Est, incontra una comunità di *volksdeutschen* russi (*Bundesarchiv*).

Poi ha raccontato. "...*Siamo veri tedeschi della Volinia*(2). *Quando è scoppiata la guerra passata, lo Zar volle spedire tutti i tedeschi dalla nostra Patria in Siberia, cosa che è avvenuta poi nell'anno 1915, noi, mio marito ed io, eravamo già precedentemente arrivati dalla Livonia; quando la guerra si è allungata ci siamo spostati qui. Avevamo perso quasi tutto, con quello che possedevamo, abbiamo potuto comprare giusto una casetta con un piccolo pezzo di terra. Quando poi è scoppiata la rivoluzione, tutto è diventato molto più difficile, si poteva mangiare ben poco; mio marito, che lavorava in fabbrica, guadagnava bene ma era poco. Non è cambiato molto da allora! E' andata sempre peggio e le difficoltà sono sempre aumentate nonostante si lavorasse. Qui, ci sono nati due bambini, un ragazzo ed una ragazza; abbiamo lavorato sempre per loro, perché potessero avere qualcosa di meglio nella vita. Comunque tutto si è svolto in maniera diversa. Il figlio, è stato arrestato dopo una perquisizione domiciliare conclusasi senza risultato nel 1936, ed è stato internato. Sebbene egli sia stato rilasciato di nuovo dopo due anni di carcere ad Archangelsk, non è potuto ritornare certo a casa, ma ha dovuto lavorare là in quella città lontana. Due anni più tardi mio marito è stato arrestato ed è stato deportato e non ho mai più avuto notizie di lui. Ora ero sola con mia figlia e per andare avanti abbiamo dovuto garantire molte consegne; di conseguenza molte tasse da pagare. Il carico fiscale dell'anno scorso, ci ha obbligato a vendere la mucca; lo stesso sarebbe capitato quest'anno con tutta la casetta. Ed ora abbiamo la guerra, mia figlia chissà dove sarà stata deportata e chissà se vive ancora, ed io sono rimasta qui tutta sola*". Erano molti i giovani soldati delle SS che avevano sentito parlare dei recenti grandi trasferimenti di famiglie di etnia tedesca dalla ex-Polonia, dagli stati baltici e dalla Bessarabia; hanno saputo anche che molti tedeschi insediati in Ucraina e nel Caucaso, erano finiti in Siberia e che gli abitanti di una non precisata colonia tedesca del Volga, erano stati tutti uccisi su ordine di Stalin. Una volta trapiantati in Siberia, è quasi certo che in decine di migliaia hanno trovato la morte. Lei non sa dire quanti altri tedeschi abitassero qui nella zona, davanti alle porte di Leningrado. Il destino di questa famiglia è stato segnato perciò profondamente. Noi sì, che avevamo conosciuto gioia e protezione all'interno del *Reich* e nella grande società tedesca: non ci avevano fatto conoscere i problemi, i pericoli e le sofferenze sostenute dai tedeschi in quel paese straniero. Ognuno si è soffermato qui, ancora amichevole con la madre tedesca che ha sofferto in modo pesante ed ha sopportato con onore la sorte del proprio destino. Ora vede questi giovani soldati come se fossero i suoi ragazzi, da assistere. Nel frattempo l'orrendo sibilo dei proiettili dell'artiglieria ha smosso tutto il terreno all'esterno. Talvolta questi cadevano così vicino che perfino nel solido *bunker* tremava tutto. Subito dopo il bombardamento, in lontananza si sono rifatti sentire il fuoco delle mitragliatrici e quello dei fucili.

Tutti i tentativi di sfondamento degli avversari sono però stati respinti dalle attente posizioni di prima linea ed ogni tentativo di irruzione è stato sventato. Solo verso mezzanotte, il veemente fuoco della battaglia è diminuito. Poi la donna è tornata indietro alla sua casa. Il giorno seguente è trascorso molto tranquillamente. Certo i bolscevichi ogni tanto lanciavano una salva di artiglieria e di mortaio, cosicché ci toccava essere sempre prudenti. Passata la notte, di primo mattino, è ripreso l'attacco nemico con parecchi reparti d'assalto, che hanno investito le posizioni di prima linea, subendo però altri pesanti perdite.

Questa strada che scorre a sinistra, davanti al villaggio e lo affianca anche nella parte posteriore, ci permette dalla sua altezza di dominare la pianura e di migliorare la nostra visuale della linea del fronte. La Divisione delle SS, doveva difendere una piccola sezione del grande anello dell'assedio. La quinta Compagnia e con lei il Gruppo Arnold, si sono comportati come fossero delle rocce, tenaci come l'acciaio nel difendere lo spazio assegnato. Anche oggi, la sera di mercoledì, quando hanno festeggiato il compleanno del camerata Fischer nella casetta della mamma tedesca, tre uomini del gruppo erano rimasti al loro posto. All'interno della camera, i rimanenti uomini erano seduti intorno al tavolo accanto al comandante di Compagnia, che era venuto con un aiutante, in conformità alla sua promessa fatta. Tutto era stato preso a questa madre tedesca. Prima, dei tedeschi erano venuti e avevano descritto la sua posizione che era sembrata irrisolvibile e senza via d'uscita. Di certo non c'era la minima speranza, che si venisse a creare qualcosa di veramente degno. Per giorni e settimane non si è saputo niente. Ora però improvvisamente, tutto era diventato più sereno. Avrebbe potuto badare a tutti quei figli, che erano proprio come il suo, forse solo un po' più allegri. Ha potuto aiutare questi giovani che le avevano portato un po' di Patria, qui in questo paese straniero, desolato ed ostile. Oggi, aveva riscosso un posto d'onore, era seduta accanto al ragazzo che compie gli anni e tutti non hanno potuto, meno gli assenti, fare a meno di dire alcune buone parole di ringraziamento per la leccornia che offriva ai loro stomaci e per la sua generosa assistenza. Aveva cotto una torta tutta ricoperta con mirtilli rossi, poi, il caffè del capitano di Compagnia è stato messo a disposizione per l'evento. Alla fine, la mamma ha tirato fuori dalla cantina due bottiglie di vodka che aveva serbato probabilmente per uno sperato ritorno del figlio. Questa bella festa di compleanno non sarebbe potuta essere così bella neanche a casa ed ognuno ha sentito qualcosa di particolare dentro di sé. A casa, in Germania, la madre del ragazzo avrà pensato probabilmente con preoccupazione al figlio tanto lontano e che avrebbe trascorso

Artiglieria della *Polizei-Division* sul fronte di Leningrado

L'*SS-Staf*. Wunnenberg, a destra e l'*Oberst* Borchert.

questo suo compleanno da solo e chissà dove. Se ella, avesse saputo come stava bene qui, seduto insieme ai suoi cameriti, sicuramente si sarebbe rallegrata nonostante la preoccupazione del cuore.

Il comandante di Compagnia ha ringraziato poi anche la donna per l'amichevole compagnia ricevuta nella sua casa e per il servizio eccellente. Poi rivolto al giovane festeggiato gli ha augurato di poter festeggiare tante altre volte quell'evento. Due uomini del gruppo, l'*SS-Unterscharführer* Arnold e l'*SS-Mann* Schmidt, hanno esortato tutti ad alzarsi e a fare un altrettanto sentito augurio. Poi il comandante aveva detto che su incarico del Comando e come rappresentante del comandante del Battaglione, aveva il compito di consegnargli la Croce di Ferro per il coraggio dimostrato di fronte al nemico. Tutti si sono rallegrati, per la consegna dell'onorificenza, per l'Orgoglio e l'Onore di chi la porta.

La guerra continua

I difficili giorni trascorsi ed i pesanti combattimenti sostenuti, sono scivolati via, passando velocemente davanti ai nostri occhi. Così, spesso era andata a finire bene, quasi sempre il gruppo aveva partecipato combattendo, anche alla avanzata della Compagnia. La resistenza e perseveranza di ogni uomo, saranno senza dubbio necessarie anche durante la difesa in questo settore davanti a Leningrado. Ma ogni fantasticheria ha il suo tempo. All'esterno sono iniziati di nuovo a sibilare e a scoppiare le granate come ogni sera intorno a quest'ora. Tutti si sono alzati dalle sedie e si sono messi in testa il casco di acciaio. Prima che la violenza del fuoco nemico diventi troppo intensa, ci si è diretti là, al *bunker*. Da quella porta aperta della casa, si è guardato fuori nella notte con il solo pensiero di tornare indietro. Saltando da un buco ad un altro, ci siamo andati a riparare dietro a quelle tavole e travi, che davano la protezione contro le sprizzanti schegge delle granate. Le mitragliatrici tedesche hanno sparato con munizionamento tracciante per poter definire meglio la traiettoria. Il loro crepitio è stato coperto degli spari della nostra artiglieria e dalle esplosioni dell'artiglieria nemica. Dall'altra parte i sovietici hanno lanciato segnali luminosi tanto da rischiarare le linee. I segnali luminosi sono stati lanciati in aria; prima si sono illuminati come fuochi di artificio poi con calma sono scesi a terra. "*...Dopo il lancio di questi segni di luce, di solito si sono scatenati gli attacchi bolscevichi più violenti*", ha detto il comandante di Compagnia. "*...Tutto pronto?*". "*...Sì, siamo pronti. Loro devono solo venire, è già stato preparato per loro un degno ricevimento*". La guerra esige come sempre il suo tributo....

Note

(1) Diether Hertel, nato il 23 maggio 1915 a Bromberg, SS-Nr. 471 347. In seguito passerà al comando della *2./SS-Pol.Inf.Rgt.3*.

(2) Volinia, chiamata anche Volynia, comprende le regioni storiche dell'Ucraina occidentale situate tra i fiumi Pripyat e Bug Occidentale fino alla Galizia e alla Podolia. Nel 1921, dopo la fine della Guerra Polacco-Sovietica, la Pace di Riga divise la Volinia tra Polonia e URSS. Tra il 1935 ed il 1938, Stalin fece deportare i polacchi della Volinia occidentale. Nel 1939, il Patto Molotov-Ribbentrop trasferì tutto il territorio della Volinia all'Unione Sovietica. Nel corso dei trasferimenti della popolazione che seguirono la riconciliazione tedesco-sovietica, la minoranza tedesca della Volinia migrò nelle aree della Polonia annesse al Terzo Reich.

Scontri di artiglierie sul fronte di Leningrado

Reparti della *Polizei-Division* in prima linea.

Alfred Wünnenberg, Croce di Cavaliere

Alfred Bernhard Julius Ernst Wünnenberg nacque a Sarrebourg, nella Lorena allora occupata dai francesi, il 20 luglio 1891, figlio di un dirigente di un ospedale militare. Il 25 febbraio 1913 si arruolò come *Unteroffizier* nell'*Infanterie-Regiment 'Vogel von Falckenstein' (7.Westfälisches) Nr. 56*, con il quale partecipò alla Prima Guerra Mondiale, impegnato sul fronte occidentale. Nel gennaio 1915, promosso *Leutnant* passò al comando della *8.Kompanie* nell'*Infanterie-Regiment 255*. Nel giugno 1916 scelse di farsi trasferire nei primi reparti della neonata aviazione militare tedesca e nell'agosto del 1917 diventò *Aufklärungsflieger* (pilota da ricognizione) nel *Feld-Flieger-Abteilung 47*. Terminata la guerra, si arruolò volontario in diversi *Freikorps* che combattevano le formazioni comuniste, partecipando a diversi scontri nell'Alta Slesia e nella zona della Rühr. Dopo la sua promozione al grado di Capitano, lasciò l'esercito nel settembre del 1920, per arruolarsi nelle forze di Polizia con il grado di *Oberleutnant*. Dopo aver comandato diversi reparti di Polizia, dal 1926 al 1928 fu comandante dell'Accademia di Polizia di Krefeld e poi di quella di Colonia. Nell'aprile del 1931 ottenne una cattedra alla Scuola di Polizia di Berlino-Charlottenburg e nell'agosto dello stesso anno fu posto nel Corpo ufficiali della riserva dello *Reichswehr*.

Nell'agosto del 1933 fu nominato comandante della *Schutzpolizei* di Beuthen, e successivamente di quella di Gleiwitz (maggio 1934), Saarbrücken (febbraio 1935), Brema (ottobre 1937) e Mannheim (ottobre 1938). Sempre nel corso del 1937 fu promosso al grado di *Oberstleutnant der Schutzpolizei* e nel dicembre del 1938 divenne Ispettore della *Ordnungspolizei* di Stoccarda. Nell'ottobre del 1939 ricevette il comando del *Polizei-Schützen-Regiments 3* della *Polizei-Division* entrando ufficialmente nelle SS (SS-Nr. 405.898). Alla guida di questo reggimento, partecipò alla Campagna nei Paesi Bassi, in Francia e successivamente all'invasione della Russia: per essersi distinto nella difesa di Stojanowitschina, nei duri combattimenti nell'area di Luga e nella conquista di Krasnowardeisk, passaggio strategico nell'avanzata verso Leningrado, Wünnenberg fu promosso al grado di *SS-Standartenführer und Oberst der Schutzpolizei* e fu decorato con la Croce di Cavaliere il 15 novembre 1941.

Lfde. Nr.	Datum Jahr	Tag	Monat	Dienst-grad	Truppenteil usw.	Inhalt der Verfügung, Art der Veränderung usw.
1	1940	1.	1.	SS-Mann		Aufnahme in die SS
2	1940	1.	1.	SS-Staf.	SS-Pers.H.-Amt	Führer beim Stab
3	1941	9.	11.	SS-Oberf.	Reichsführer-SS	Führer beim Stab
4	1941	9.	12.	SS-Brif.	Reichsführer-SS	Führer beim Stab
5	1941	9.	12.	SS-Brif. und Gen.M.d.Pol.		Ernennung zum Gen.Maj.d.Pol.
6	1942	1.	7.	SS-Gruf. und Gen.Ltn.d.P.	SS-Pol.Division	Kommandeur
7	1943	10.	6.	" "	Gen.Kdo.IV. SS-Pz.Korps	b.m.d.Führung
8	1943	1.	7.	SS-Ogruf. und Gen.d.W.-SS		Beförderung
9	1943	31.	8.	SS-Ogruf. u. Gen.d.W.-SS u. Polizei	Hauptamt Ordnungspolizei	m.d.F.d.Amtsgeschäfte des Chefs d. Orpo.beauftragt.

Stato servizio di Wünnenberg (*U.S. National Archives*)

L'*Oberst* Alfred Wünnenberg con la Croce di Cavaliere. Da notare sull'uniforme,
sotto il taschino sinistro, tra due decorazioni, l'utilizzo delle *SS-Brustabzeichen*.

Testo della raccomandazione per la concessione della Croce di Cavaliere, scritta dal comandante della divisione, l'SS-Brigadeführer Walter Krüger, il 30 ottobre 1941:

"...L'Oberst *Wünnenberg* è un abile ed esemplare comandante di Reggimento. Per la sua risolutezza ed il suo straordinario coraggio personale, è già stato insignito con entrambe le Classi della Croce di Ferro. Particolarmente eccezionale e decisivo è stato il suo impegno personale durante gli scontri presso le colline di Stojanowschtschina lungo la strada a sud di Luga, l'11 agosto 1941, dove quel giorno riuscì a distruggere 17 carri armati pesanti ed un grande numero di bunker rinforzati.

Il 23 agosto 1941, l'Oberst *Wünnenberg* aveva avuto l'incarico di raggiungere con il suo Reggimento, affiancato sul fianco destro dal 2° Reggimento proveniente da Ssyrez, le alture ad ovest di Wybor e Ssyrez e di prenderle il prima possibile, per poi proseguire l'avanzata fino alle alture di Turowo, ad est di Luga. Sebbene la forza di combattimento del suo Reggimento fosse già logorata considerevolmente dopo i pesanti combattimenti a Bol.Samoschje, il secondo obbiettivo dell'attacco, il Colonnello *Wünnenberg* ha preso di propria iniziativa la decisione di avanzare ancora ed il giorno seguente, sfruttando l'elemento sorpresa, ha raggiunto il terzo obbiettivo dell'attacco. Non ha neppure pensato al fatto che il 2° Reggimento, che agiva sul fianco sinistro, si stesse dilungando ancora in quel momento in violenti combattimenti nel settore tra Udrajka-Abschnit e Mal.Rakowje e che il suo fianco destro fosse rimasto protetto solo da deboli forze da ricognizione. L'impegno personale e straordinario del comandante reggimentale è arrivato a rompere l'ultima forte resistenza del nemico a Nelaja e gli ha permesso di prendere le alture di Turowo, alle 21:35. Grazie a questo colpo sorprendente, egli era riuscito ad arrivare alle spalle e sul fianco degli avversari, mettendo in pericolo le stesse posizioni dei sovietici. In sostanza, il giorno dopo, il 2° Reggimento si è trovato di fronte ad una situazione più favorevole nella sua missione di raggiungere Luga.

Il 13 settembre 1941, il Reggimento dell'Oberst *Wünnenberg*, ha ricevuto l'incarico di prendere integri i ponti a sud-ovest di Krasnogwardeisk e di raggiungere ed occupare l'incrocio stradale che portava al margine settentrionale della città. Dopo aver raggiunto, l'ingresso della città a sud-ovest, l'Oberst *Wünnenberg* ha proceduto personalmente e con coraggio incomparabile con un primo colpo di mano che ha permesso al gruppo di prendere i quattro ponti intatti in un tempo brevissimo, poi ha costretto tre carri armati pesanti a ritirarsi nella città di Krasnogwardeisk, che successivamente è caduta nelle sue mani. Quando il comando ha ordinato alla propria Artiglieria di far fuoco sull'obiettivo dell'attacco, questo era già stato raggiunto alle 9:30. L'Oberst *Wünnenberg*, di propria iniziativa, aveva abbandonando la linea difensiva esterna di Leningrado, ma con questo, attraverso il suo straordinario coraggio personale, aveva creato il presupposto per poter avanzare successivamente attraverso le posizioni di Ishora, su Puschkin".

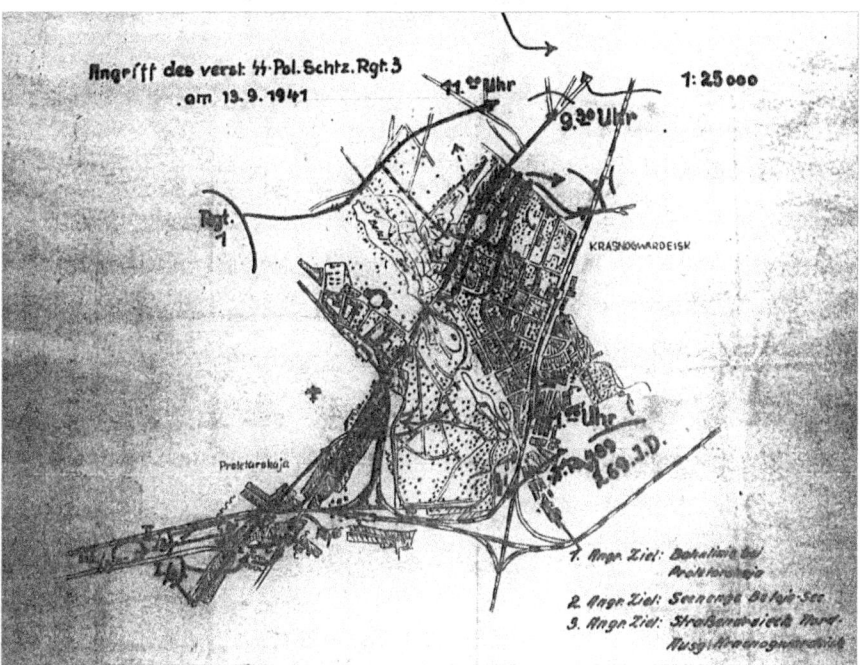

Mappa allegata alla raccomandazione per la *Ritterkreuz* (NA)

Qualche foto di Wünnenberg per la propaganda
L'*SS-Gruppenführer und Generalleutnant der Waffen-SS* Wünnenberg con la *Ritterkreuz mit Eichenlaub* (BA).

Il 15 dicembre 1941 passò al comando della stessa *Polizei-Division*, guidando i propri uomini per oltre un anno in durissimi combattimenti contro i sovietici, che gli valsero la promozione a SS-*Brigadeführer und Generalmajor der Polizei* e le Foglie di Quercia per la sua Croce di Cavaliere il 23 aprile 1942.

Uniformi e fregi della *Polizei-Division* 1939-41

Uniformi e mostreggiatura

Agli albori della sua creazione la formazione non possedeva ancora un vestiario uniformato, piuttosto una gamma di uniformi che andava dalle regolari uniformi della *Ordnungspolizei* nel caratteristico panno "verde Polizei" alle obsolete uniformi in panno *Erdgrau* delle *SS-VT*, passando per quelle dello *Heer*. In breve tempo, l'uniformità prevalse con le forniture di uniformi *feldgrau* dello *Heer*, alle quali erano affiancate forniture di camiciotti e coprielmetti mimetici delle SS, di cui la divisione fece largo uso; sulle giubbe fornite dall'esercito però si notava un singolare abbinamento di mostreggiature che caratterizzò l'unità fino al 1941: le spalline in dotazione erano dell'esercito, coerenti con la provenienza della giubba dunque, ma la profilatura, *Waffenfarbe* (colore della specialità o dell'arma) delle stesse unità fucilieri, era verde chiaro, anziché essere bianco come lo *Heer* e le SS; nello stesso verde chiaro erano sottopannate in velluto le mostrine da colletto, *Litzen*, che però non erano nella foggia dell'esercito, come si potrebbe pensare ad un'occhiata superficiale delle foto d'epoca, bensì erano le mostrine regolamentari della *Ordnungspolizei*. Oltre al fondo verde chiaro, che le contraddistingueva, vi era una profilatura in filo argenteo per la truppa, mentre per gli ufficiali tale profilo non era presente.

Una foto che ben illustra alcune caratteristiche uniformologiche della divisione *Polizei* prima del 1942: bustina della Polizia, giubba dell'esercito con mostrine polizia e aquila da braccio delle SS. Interessante notare la fibbia delle SS al cinturone, poiché nel periodo 1939-41, molti invece portavano la fibbia della Polizia (*Coll. Charles Trang*).

A completare il quadro molto particolare delle mostreggiature sulla giubba, il fregio nazionale, l'*Hoheitsabzeichen*, l'aquila con svastica, a dispetto di quanto ci si possa aspettare dal modello di giubba, dello *Heer*, o del tipo della formazione, *Polizei*, non apparteneva a nessuna delle due categorie: l'aquila sulla giubba era infatti quella delle SS, portata sulla manica sinistra, insieme con eventuali insegne di grado per la truppa SS, vale a dire realizzate su panno nero. Va fatta menzione del fregio *"SS Brustabzeichen"*, con le due *"Sieg Runen"* ricamate in filo bianco sporco su panno verde Polizei: istituito il 16 gennaio 1937, era portato dai membri della *Orpo* provenienti dalle *Allgemeine-SS*; tale fregio si può notare anche tra i membri divisione *Polizei*, ed era cucito un centimetro sotto l'estremità inferiore sinistra del taschino superiore sinistro della giubba.

Soldati della *Polizei* impegnati a rammendare calzini, 1940

Copricapi

Il primo berretto da campo ufficialmente distribuito alle truppe della *Polizei* era la bustina *feldgrau* modello 34 dello *Heer*, con mostreggiature regolamentari della *Orpo*, sebbene molti conservassero la vecchia bustina della polizia. Verso la fine del 1940 arrivò un nuovo modello di bustina, essa derivava da un modello creato all'inizio dello stesso anno per gli ufficiali delle SS, poi esteso in versione da truppa alle *W-SS*, alla divisione *Polizei*, alla *Luftwaffe* – in panno grigio-blu per quest'ultima- e solo in quantità limitate allo *Heer*. Nella divisione *Polizei* si può notare in alcuni casi l'abitudine di alcuni ufficiali a riportare il profilo con il *Waffenfarbe* sulla bustina modello 40, pratica che era più consueta per la bustina 34, ma molto raramente applicata sulla 40. Per l'uniforme da servizio il copricapo con visiera per ufficiali e sottufficiali della formazione era lo *Schirmmütze* consueto della *Orpo*. L'elmetto era lo stesso dell'esercito, ma le decalcomanie erano caratteristiche della formazione: nello scudo sinistro figurava la tipica aquila della Polizia su fondo nero, mentre lo scudo destro era l'emblema di Partito (lo stesso che le *Waffen-SS* portavano però sulla sinistra).

Squadre fucilieri della divisione *Polizei* nel 1940, tutti dotati di capi mimetici delle *Waffen-SS*. Nella foto possiamo vedere le cassette porta nastri per mitragliatrice posate a terra come secondo regolamento per le truppe schierate per l'ispezione.

un'altra squadra mitraglieri della *Polizei-Division* in Francia, nel 1940, con ancora delle cassette porta nastri ed un porta *Trommel* per *MG-34*

tutti i soldati in questa foto indossano la vecchia bustina della Polizia; la fibbia sul cinturone è anch'essa della Polizia. Il sottoufficiale in primo piano è equipaggiato con porta caricatori per *MP 34*, binocolo regolamentare 6x30, ed inoltre è visibile il cilindro porta-maschera anti-gas del fabbricante 'Auer'. Da notare l'aquila da braccio che è quella della Polizia anziché quella delle SS comunemente portata dalla divisione.

La foto ritrae un assembramento di diversi ufficiali della *Polizei-Division* in Russia nel 1941. Interessante la varietà di copricapi: l'ufficiale più a sinistra in foto (*Hauptmann* Dörner) indossa una bustina modello 34 dello *Heer* in versione da ufficiale, con la profilatura in alluminio del bordo superiore della fronte; l'ufficiale al centro (*Oberst* Schulze) ha una bustina della Polizia, mentre il collega alla sua sinistra (*Oberst* Brenner) sfoggia una bustina modello 40; essa si distingue dal 'modello *Polizei*', poiché il lembo inferiore frontale è più stretto, inoltre sulla sommità è cucita la *Reichskokarde*, mentre di norma la Polizia portava solo l'aquila, anche perchè la profilatura longitudinale tipica di questo modello impediva la cucitura di una coccarda; questo è inoltre uno di quei casi in cui sulla modello 40 compare l'insolita profilatura con il *Waffenfarbe*; tutti gli altri ufficiali indossano elmetti con telini mimetici delle *Waffen-SS*.

Foto che mostra l'utilizzo di capi mimetici delle *Waffen-SS*: tre neo-decorati con la Croce di Ferro di Seconda Classe; la qualità della foto rende più difficile l'identificazione dei giacconi mimetici, che in questo caso dovrebbero essere in disegno 'palmizio'.

Famosa foto di un fante della divisione *Polizei*: molto probabilmente trattasi di un servente di squadra mitraglieri, a giudicare dal treppiede *Lafette* che trasporta sulla schiena, e secondariamente dal nastro di munizioni. Egli indossa un giaccone mimetico delle SS in disegno 'platano' con coprielmetto abbinato. Da notare appesi al collo gli *'Allgemeine Schutzbrille'* (occhiali generici di protezione), antipolvere e con lenti protettive da sole.

Soldati in marcia vestiti con giubbe modello36 dell'Esercito. Anche l'ufficiale in testa indossa una giubba da truppa.

Squadra mitraglieri della *Polizei-Division* sul fronte dell'Est, con una *MG-34* montata su treppiede. Notare sugli elmetti la presenza dell'aquila della Polizia e sul braccio l'aquila della *Waffen SS*.

Reparti della *Polizei* durante una marcia di addestramento nel periodo 1939-40 (*Collezione Charles Trang*)

Soldati della *Polizei* del *Pol.Sch.Rgt.3*. Ben visibile sui loro berretti l'insegna della Polizia tedesca. Notare che su due bustine si nota la profilatura del colore d'arma realizzata in stile dell'esercito, a "V" rovesciata. (*Collezione Charles Trang*).

Soldati del *Pol.Sch.Rgt.1*, sul fronte di Leningrado, durante una cerimonia di addio per i camerati caduti (*Coll. Charles Trang*).

Soldati della *Polizei-Division* prestano giuramento, 1940 (Collezione Michael Cremin)

Informazioni generali sulla divisione

Il nome della divisione (*Polizei-Division*) rispecchiava la provenienza dei suo membri, almeno all'inizio, dai reparti della Polizia tedesca. Solo nel febbraio 1942 assunse la denominazione ufficiale di *SS-Polizei-Division*.

Comandanti divisionali

Generalleutnant Karl Peffer-Wildenbruch　　　　　1 ottobre 1939 – 21 novembre 1940
Generalmajor Arthur Mülverstedt　　　　　　　　21 novembre 1940 – 10 agosto 1941
SS-Brigadeführer Walter Krüger　　　　　　　　　10 agosto 1941 – 15 dicembre 1941
Generalmajor der Polizei (poi *SS-Gruf.*) Alfred Wünnenberg　　15 dicembre 1941 – 17 aprile 1943

Diario di guerra

1940

Periodo	Armeekorps	Armee	Heeresgruppe	Area
Maggio	In riserva			Tübingen
Giugno	XVII	12. Armee	A	Aisne (Francia)
Luglio	XII	1. Armee	C	Francia
Agosto-ottobre	XXII	2. Armee	C	Francia
Novembre-dicembre	XXXIX	1. Armee	D	Francia

1941

Periodo	Armeekorps	Armee	Heeresgruppe	Area
Gennaio-febbraio	LIX	1. Armee	D	Francia
Marzo-giugno	XXXV	1. Armee	D	Francia
Luglio	In riserva	-	Nord	Newel (Russia)
Agosto	LVI	Panzergruppe 4	Nord	Luga
Settembre	L	Panzergruppe 4	Nord	Leningrado
Ottobre-Dicembre	L	18. Armee	Nord	Leningrado

Decorati con la Croce di Cavaliere

11 settembre 1941: *Oberst* Hans Schulze, comandante del *Pol.Sch.Rgt.2*
15 novembre 1941: *Oberst* Alfred Wünnenberg, comandante del *Pol.Sch.Rgt.3*
13 dicembre 1941: *SS-Brigadeführer* Walter Krüger

Decorati con la Croce Tedesca in Oro

24 dicembre 1941: *Hauptmann* Helmut Dörner, comandante della *14./Pol.Sch.Rgt.2*
24 dicembre 1941: *Major* Albert Wegener, comandante del *Pol.Aufkl.Abt.*
24 dicembre 1941: *Oberleutnant* Erwin Lange, comandante della *1.Kp./Pol.Pi.Btl.* 26 dicembre 1941: *Hauptmann* Karl Vockensohn, comandante del *III./Pol.Sch.Rgt.2*

Bibliografia

F. Husemann, "*In Good Faith the history of the 4.SS-Polizei...*", I° volume, J.J. Fedorowicz Publishing
Dr. Alfred Thoss, "*Waffen-SS im Kampf vor Leningrad*", Berlin, Steiniger-Verlage 1942, Numero 151 della serie '*Kriegsbücherei der deutschen Jugend*'.
C.Trang, "*Dictionnaire de la Waffen-SS, volume 1*", Editions Heimdal
R.J.Bender e H.P.Taylor, "*Uniforms, Organization and the History of the Waffen SS, Vol. 2*", R.J.Bender Publishing D.S.V.Fosten e R.J.Marrion, "*Waffen SS, Its Uniforms, Insignia and Equipment, 1938-45*", Almark Publishing

Referenze fotografiche: *U.S.National Archives* (NA), *Bundesarchiv* (BA), Collezione personale Charles Trang (C.T.), Collezione personale Michael Cremin (M.C.), Collezione personale Massimiliano Afiero

TITOLI PUBBLICATI - ALREADY PUBLISHING

www.ingramcontent.com/pod-product-compliance
Lightning Source LLC
LaVergne TN
LVHW081545070526
838199LV00057B/3787